トクとトクイになる！ 小学ハイレベルワーク

3年 国語 もくじ

特別ふろく

1 巻末ふろく しあげのテスト
2 WEBふろく 自動採点CBT

WEB CBT(Computer Based Testing)の利用方法
コンピュータを使用したテストです。パソコンで下記 WEB サイトへアクセスして，アクセスコードを入力してください。スマートフォンでのご利用はできません。

アクセスコード／Ckbbba72
https://b-cbt.bunri.jp

編集協力：岡崎千佳子／イラスト：ユニックス

この本の特長と使い方

この本の構成

知っトク！ ポイント

この本で学習する内容を章ごとにまとめたページです。覚えておくべきことや問題を解くうえで役立つポイントなどが書いてあります。よく読んでから学習を始めましょう。

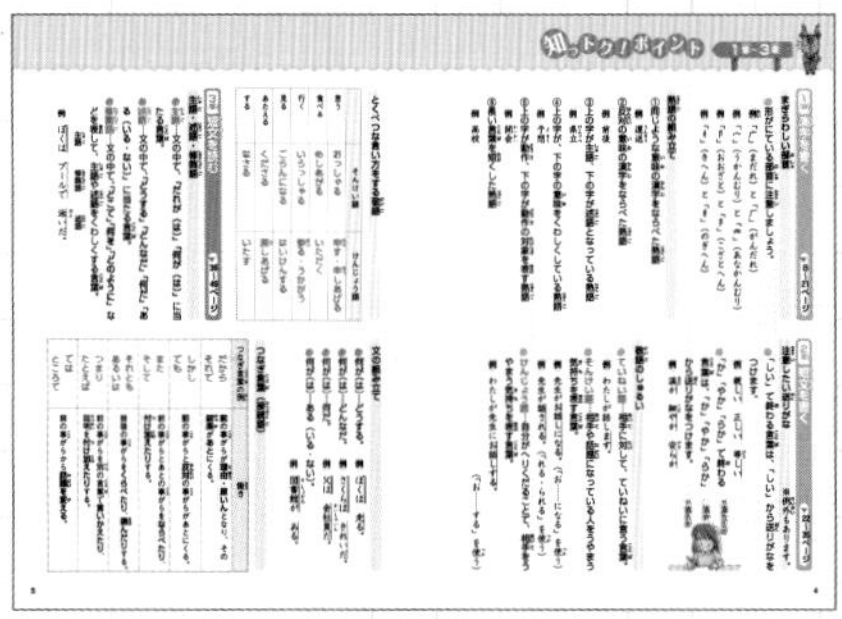

標準レベル

実力を身につけるためのステージです。教科書レベルの学習内容で、土台となる基礎的な力を養います。わからなくなったときは、「知っトク！ ポイント」に戻って確認しましょう。

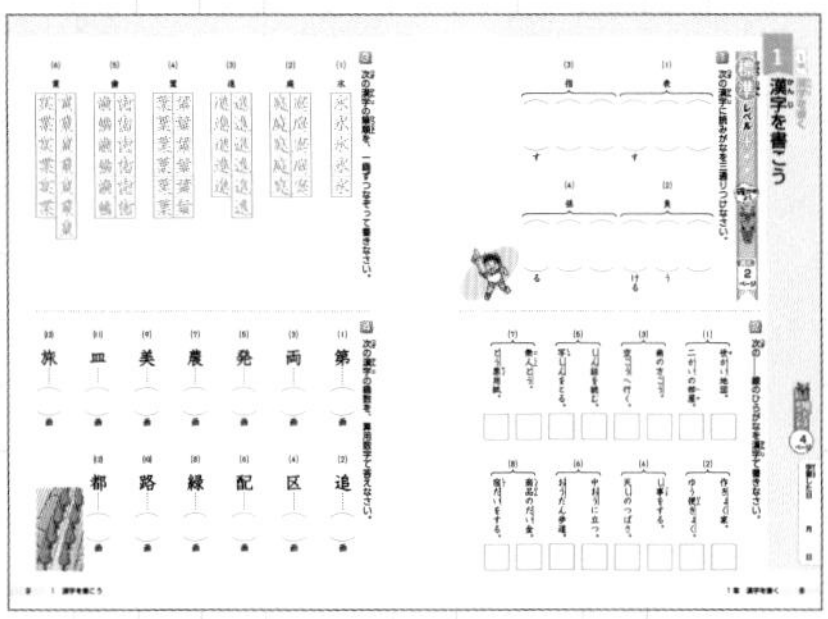

特集回

思考力育成問題

知識だけで答えるのではなく、知識をどのように活用すればよいのかを考えるためのステージです。活用のしかたを積極的に試行錯誤することで、教科書だけでは身につかない力をつけることができます。

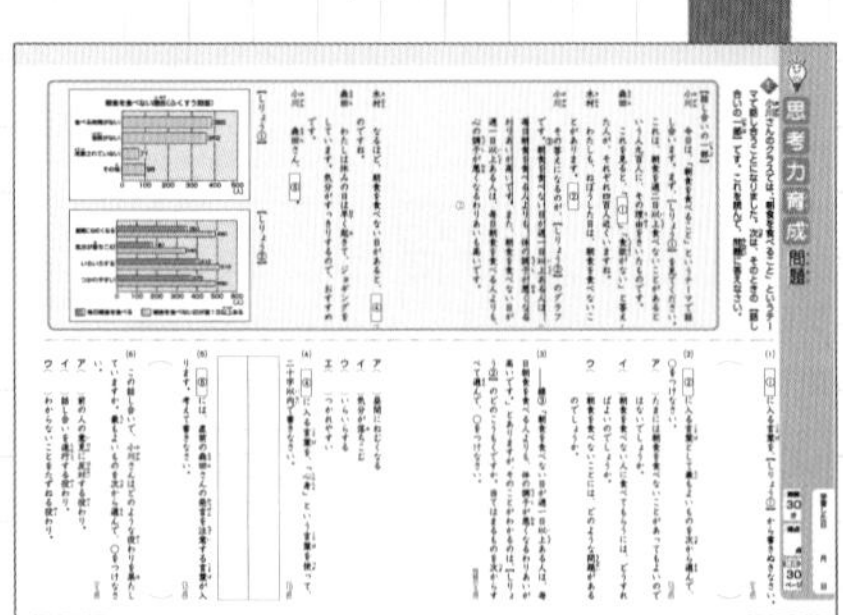

！ヒント

標準レベルには問題を解くためのヒントがあります。解き方のポイントや注目すべき点などが書いてありますので、参考にしながら解いてみましょう。

とりはずし式 答えと考え方

ていねいな解説で、解き方や考え方をしっかりと理解することができます。まちがえた問題は、時間をおいてから、もう一度チャレンジしてみましょう。

注意する言葉

読解問題の文章から、覚えておきたい言葉を取り上げています。辞書で意味を調べて、語彙力をみがきましょう。

『トクとトクイになる！小学ハイレベルワーク』は，教科書レベルの問題ではもの足りない，難しい問題にチャレンジしたいという方を対象としたシリーズです。段階別の構成で，無理なく力をのばすことができます。問題にじっくりと取り組むという経験によって，知識や問題を解く力だけでなく，「考える力」「判断する力」「表現する力」の基礎も身につき，今後の学習をスムーズにします。

ハイレベル＋＋

少し難度の高い問題を練習して、応用力を養うためのステージです。ハイレベルな問題を解くことで、実力の完成をめざします。

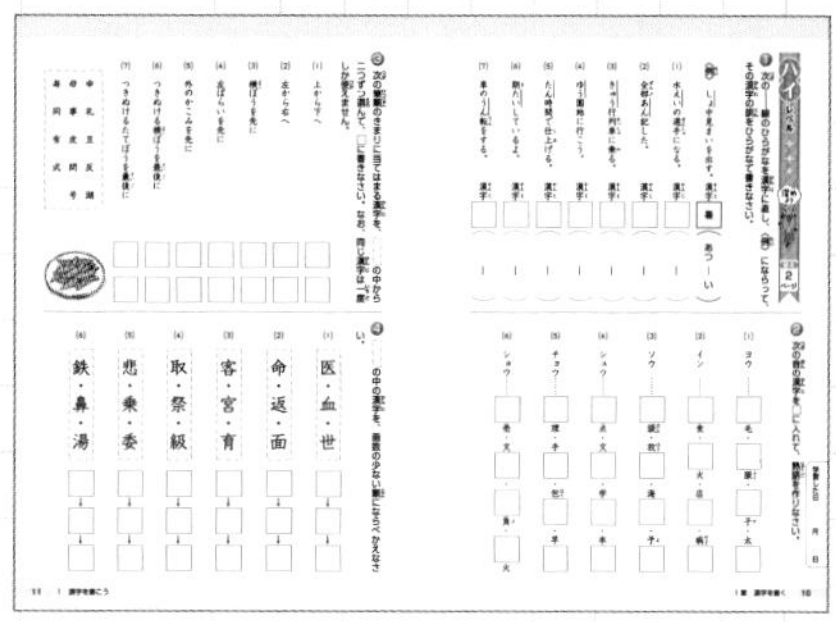

チャレンジテスト＋＋＋

テスト形式で、章ごとの学習内容を確認するステージです。時間をはかって取り組んでみましょう。発展的な問題にも挑戦することで、実践力を養うことができます。

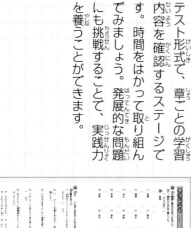

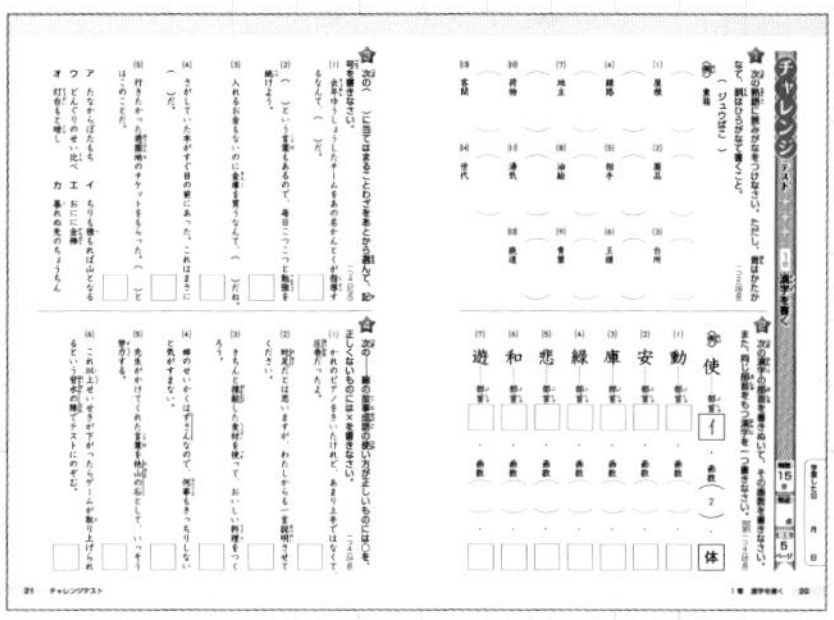

役立つふろくで、レベルアップ！

① トクとトクイに！ しあげのテスト

この本で学習した内容が確認できる、まとめのテストです。学習内容がどれくらい身についたか、力を試してみましょう。

② 一歩先のテストに挑戦！ 自動採点CBT

コンピュータを使用したテストを体験することができます。専用サイトにアクセスして、テスト問題を解くと、自動採点によって得意なところ（分野）と苦手なところ（分野）がわかる成績表が出ます。

「CBT」とは？

「Computer Based Testing」の略称で、コンピュータを使用した試験方式のことです。受験、採点、結果のすべてがWEB上で行われます。

専用サイトにログイン後、もくじに記載されているアクセスコードを入力してください。

https://b-cbt.bunri.jp

※本サービスは無料ですが，別途各通信会社からの通信料がかかります。
※推奨動作環境：画角サイズ　10インチ以上　横画面
［PCのOS］Windows10以降　［タブレットのOS］iOS14以降
［ブラウザ］Google Chrome（最新版）　Edge（最新版）　safari（最新版）
※お客様の端末およびインターネット環境によりご利用いただけない場合，当社は責任を負いかねます。
※本サービスは事前の予告なく，変更になる場合があります。ご理解，ご了承いただきますよう，お願いいたします。

知っトク！ポイント　1章〜3章

1章 漢字を書く
▼8〜21ページ

まぎらわしい部首

● 形がにている部首に注意しましょう。

例 「广」（まだれ）と「厂」（がんだれ）

例 「宀」（うかんむり）と「穴」（あなかんむり）

例 「阝」（おおざと）と「阝」（こざとへん）

例 「木」（きへん）と「禾」（のぎへん）

熟語の組み立て

①同じような意味の漢字をならべた熟語

例 運送

②反対の意味の漢字をならべた熟語

例 前後

③上の字が主語、下の字が述語となっている熟語

例 県立

④上の字が、下の字の意味をくわしくしている熟語

例 予想

⑤上の字が動作、下の字が動作の対象を表す熟語

例 開会

⑥長い言葉を短くした熟語

例 高校

2章 短文を書く
▼22〜35ページ

注意したい送りがな

● 「しい」で終わる言葉は、「しい」から送りがなをつけます。

※例外もあります。

例 親しい　正しい　等しい

● 「か」「やか」「らか」で終わる言葉は、「か」「やか」「らか」から送りがなをつけます。

例 温か　細やか　安らか

×温たたか
○温か
×温たか

敬語のしゅるい

● ていねい語…相手に対して、ていねいに言う言葉。

例 わたしが話します。

● そんけい語…相手や話題になっている人をうやまう気持ちを表す言葉。

例 先生がお話しになる。（「お……になる」を使う）

例 先生が話される。（「れる・られる」を使う）

● けんじょう語…自分がへりくだることで、相手をうやまう気持ちを表す言葉。

例 わたしが先生にお話しする。（「お……する」を使う）

とくべつな言い方をする敬語

	そんけい語	けんじょう語
言う	おっしゃる	申す・申しあげる
食べる	めしあがる	いただく
行く	いらっしゃる	参る・うかがう
見る	ごらんになる	はいけんする
あたえる	くださる	差しあげる
する	なさる	いたす

3章 短文を読む

▼36〜49ページ

主語・述語・修飾語

● **主語**…文の中で、「**だれが（は）**」「**何が（は）**」に当たる言葉。

● **述語**…文の中で、「**どうする**」「**どんなだ**」「**何だ**」「**ある（いる・ない）**」に当たる言葉。

● **修飾語**…文の中で、「**どこで**」「**何を**」「**どのように**」などを表して、主語や述語をくわしくする言葉。

例 ぼくは（主語） プールで（修飾語） 泳いだ。（述語）

文の組み立て

● 何が(は)―どうする。 **例** ぼくは 走る。

● 何が(は)―どんなだ。 **例** さくらは きれいだ。

● 何が(は)―何だ。 **例** 父は 会社員だ。

● 何が(は)―ある（いる・ない）。 **例** 図書館が ある。

つなぎ言葉（接続語）

つなぎ言葉の例	働き
だから それで	前の事がらが**理由・原いん**となり、その**結果**が**あと**にくる。
しかし でも	前の事がらと**反対**の事がらがあとにくる。
また そして	前の事がらとあとの事がらを**ならべたり**、**付け加えたり**する。
それとも あるいは	前後の事がらを**くらべたり**、**選んだり**する。
つまり たとえば	前の事がらを別の言葉で**言いかえたり**、説明を**付け加えたり**する。
では ところで	前の事がらから**話題を変える**。

4章 物語文を読む

▼50〜63ページ

物語文の読み取り方

(1) 登場人物をとらえます。

● **文章中に出てくる人の名前や、名前を表す表現に注目します。**

● **主人公がだれかをとらえます。また、主人公と、ほかの登場人物との関係をとらえます。**

(2) 場面・じょうけいをとらえます。

＊**場面**…その場の様子のこと。

＊**じょうけい**…人物の気持ちが表れている、風景や場面の様子のこと。

● **「いつ」「どこで」「だれが（登場人物）」「どうした（出来事）」**の四つに注意してとらえます。

(3) 気持ちをとらえます。

● 次のようなところに注目します。

・「うれしい」「悲しい」など、**気持ちを表す言葉**。

・登場人物の**会話**や、**心の中の声**。

・登場人物の**ひょうじょう**や**行動**、**様子**。

・**じょうけい**のえがかれ方。

(4) 気持ちのうつり変わりをとらえます。

● **場面が変わる**と、気持ちが変わることがあります。

場面は、次のようなところで変わります。

・時間がたつ

・場所が変わる

・新しい人物が出てくる

● **気持ちが変わったきっかけ**をつかみます。次のようなことがきっかけになります。

・新しく起きた出来事　・ほかの人の言葉や行動

・登場人物自身の新しい行動

(5) せいかくをとらえます。

● **せいかくを表す言葉、会話のないようや話し方、行動や様子**、周りの人からの評価などに注目します。

(6) 主題をとらえます。

● 登場人物の言葉や行動に注目します。

5章 説明文を読む

▼64〜77ページ

説明文の読み取り方

(1) 話題をとらえます。

● 文章の初めのほうの、**「なぜ……でしょう。」**や**「……について見ていきましょう。」**などの文に注目します。

● **くり返し出てくる言葉**に注目します。

(2) **段落関係をとらえます。**

＊**形式段落**…文の初めを一字下げたところから、改行までのまとまり。

＊**意味段落**…文章を、ないようや意味のまとまりに分けたもの。

段落関係のとらえ方

①**話題**を読み取る。

②**形式段落ごとの要点**をとらえる。

③**意味段落**をとらえる。

●話題をしめしている段落、具体的に説明している段落、まとめをのべている段落などに分けられます。

(3) **要旨をとらえます。**

＊**要旨**…筆者がその文章で最も伝えたいないようや考えのこと。

●**文章の組み立て**をとらえます。多くの文章は、「**話題→説明→まとめ**」という組み立てになっています。それぞれの段落がどこに当てはまるのかをとらえます。

●要旨はまとめの段落に書かれることが多いので、**まとめの段落を見つけると**、要旨をとらえることができます。

6章 詩を味わう

▼78～83ページ

詩の読み取り方

(1) **詩にえがかれたものをとらえます。**

●**題名やくり返し出てくる言葉**に注目します。

●えがかれているものの色、形、動き、音などを思いえがきましょう。

(2) **詩のまとまりをとらえます。**

●詩の「**連**」（一行空きで区切られたまとまり）に注目します。

(3) **リズムや表現のくふうをとらえます。**

いろいろな表現

・同じ言葉をくり返す。

例 花がさいた　花がさいた

・言葉のじゅんじょを入れかえる。

例 わたしはわすれない　君のことを

・あるものをほかのものにたとえる。

例 雪が花びらのようにまう

・人でないものを人にたとえる。

例 木が大きくうでを広げる

・組み立てがよくにた表現をならべる。

例 風がそよそよとふき　海がきらきらと光る

1 漢字を書こう

標準レベル 確かめよう

答え 2ページ

1 次の漢字に読みがなを三通りつけなさい。

(1) 表 （　　）（　　）（　　）す

(2) 負 （　　）（　　）う（　　）ける

(3) 指 （　　）（　　）（　　）す

(4) 係 （　　）（　　）（　　）る

2 次の——線のひらがなを漢字で書きなさい。

(1) 世かい地図。／二かいの部屋。

(2) 作きょく家。／ゆう便きょく。

(3) 南の方こう。／空こうへ行く。

(4) し事をする。／天しのつばさ。

(5) しん話を読む。／写しんをとる。

(6) 中おうに立つ。／おうだん歩道。

(7) 無人とう。／とう票用紙。

(8) 商品のだい金。／宿だいをする。

知っトク！ポイント 4ページ

学習した日　月　日

3 次(つぎ)の漢字(かんじ)の筆順(ひつじゅん)を、一画ずつなぞって書きなさい。

(1) 氷

(2) 庭

(3) 進

(4) 葉

(5) 歯

(6) 業

4 次(つぎ)の漢字(かんじ)の画数を、算用数字で答えなさい。

(1) 第……（　　）画

(2) 追……（　　）画

(3) 両……（　　）画

(4) 区……（　　）画

(5) 発……（　　）画

(6) 配……（　　）画

(7) 農……（　　）画

(8) 緑……（　　）画

(9) 美……（　　）画

(10) 路……（　　）画

(11) 皿……（　　）画

(12) 都……（　　）画

(13) 旅……（　　）画

ハイレベル

答え 2ページ

1 次(つぎ)の――線のひらがなを漢字(かんじ)に直し、〈例(れい)〉にならって、その漢字(かんじ)の訓(くん)をひらがなで書きなさい。

〈例(れい)〉 <u>しょ</u>中見まいを出す。 漢字(かんじ) 暑（あつ―い）

(1) 水<u>えい</u>の選手(せんしゅ)になる。 漢字(かんじ)□（　―　）

(2) 全部(ぜんぶ)<u>あん</u>記した。 漢字(かんじ)□（　―　）

(3) <u>きゅう</u>行列車(れっしゃ)に乗(の)る。 漢字(かんじ)□（　―　）

(4) <u>ゆう</u>園地に行こう。 漢字(かんじ)□（　―　）

(5) <u>たん</u>時間で仕上(しあ)げる。 漢字(かんじ)□（　―　）

(6) 期(き)<u>たい</u>している。 漢字(かんじ)□（　―　）

(7) 車の<u>うん</u>転(てん)をする。 漢字(かんじ)□（　―　）

2 次(つぎ)の音(おん)の漢字(かんじ)を□に入れて、熟語(じゅくご)を作りなさい。

(1) ヨウ……□毛・□服(ふく)・□子(す)・太□

(2) イン……□食・□火・店□・病(びょう)□

(3) ソウ……□談(だん)・放(ほう)□・海□・予(よ)□

(4) シュウ……□点・文□・学□・本□

(5) チョウ……□理・手□・包(ほう)□・早□

(6) ショウ……□売・文□・□負(ぶ)・□火

学習した日　月　日

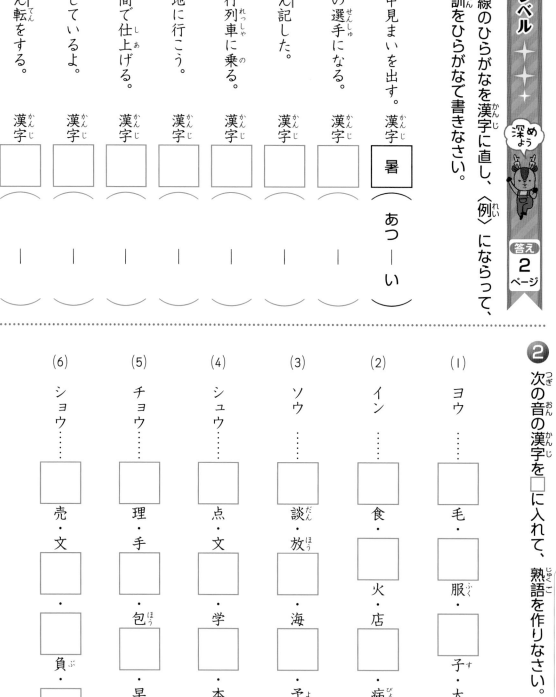

3 次の筆順のきまりに当てはまる漢字を、□の中から二つずつ選んで、□に書きなさい。なお、同じ漢字は一度しか使えません。

(1) 上から下へ

(2) 左から右へ

(3) 横ぼうを先に

(4) 左ばらいを先に

(5) 外のかこみを先に

(6) つきぬける横ぼうを最後に

(7) つきぬけるたてぼうを最後に

申　礼　豆　反　湖
母　事　皮　問　号
毎　同　有　式

4 □の中の漢字を、画数の少ない順にならべかえなさい。

(1) 医・血・世

(2) 命・返・面

(3) 客・宮・育

(4) 取・祭・級

(5) 悲・乗・委

(6) 鉄・鼻・湯

2 漢字の組み立てをたしかめよう

標準レベル

答え 3ページ

1 次の■に使われる部首の名前を下から選んで、——で結びなさい。

(1) 

(2) 

(3) 

(4) 

(5) 

(6) 

(7) 

・たれ
・つくり
・へん
・あし
・かまえ
・かんむり
・にょう

2 次の漢字の部首を書きなさい。

〈例〉 雲 ⻗

(1) 秒 □
(2) 発 □
(3) 詩 □
(4) 流 □
(5) 転 □
(6) 銀 □
(7) 練 □
(8) 坂 □
(9) 岸 □
(10) 倍 □
(11) 悪 □
(12) 病 □
(13) 助 □
(14) 部 □
(15) 速 □

4ページ

学習した日 月 日

3 次の部首と、その名前、その部首をもつ漢字を──で結びなさい。

(1) 穴 ・ ・ぎょうにんべん ・ ・守
(2) 灬 ・ ・うかんむり ・ ・点
(3) 彳 ・ ・あなかんむり ・ ・役
(4) ネ ・ ・れんが(れっか) ・ ・究
(5) 走 ・ ・そうにょう ・ ・庫
(6) 宀 ・ ・まだれ ・ ・神
(7) 攵 ・ ・のぶん(ぼくにょう) ・ ・起
(8) 广 ・ ・しめすへん ・ ・放

4 次の漢字に共通する部首の名前を、□の中から選んで書きなさい。

(1) 植・橋・根……(　　)
(2) 追・運・返……(　　)
(3) 拾・投・持……(　　)
(4) 落・薬・荷……(　　)
(5) 注・波・油……(　　)
(6) 園・国・図……(　　)
(7) 係・他・住……(　　)
(8) 笛・箱・筆……(　　)

てへん　くにがまえ　たけかんむり　しんにょう
さんずい　きへん　くさかんむり　にんべん

ハイレベル

答え 3ページ

1 次の〈へん〉と〈つくり〉を組み合わせて、できる漢字を書きなさい。

〈へん〉		〈つくり〉		
(1) いとへん	＋	冬	＝	□
(2) しょくへん	＋	官	＝	□
(3) くるまへん	＋	圣	＝	□
(4) しめすへん	＋	畐	＝	□
(5) てへん	＋	丁	＝	□
(6) うしへん	＋	勿	＝	□
(7) うまへん	＋	尺	＝	□

2 次の漢字の部首の名前を書きなさい。

〈例〉村（きへん）

(1) 談（　　）
(2) 次（　　）
(3) 開（　　）
(4) 写（　　）
(5) 登（　　）
(6) 列（　　）
(7) 酒（　　）
(8) 漢（　　）
(9) 服（　　）
(10) 路（　　）
(11) 病（　　）
(12) 鉄（　　）
(13) 都（　　）
(14) 族（　　）
(15) 勉（　　）
(16) 取（　　）

学習した日　月　日

3 次の(1)～(5)に当てはまるものを、□の中から三つずつ選んで書きなさい。

(1) 部首が「こざとへん」の漢字 □□□

(2) 部首が「うかんむり」の漢字 □□□

(3) 部首が「ひへん」の漢字 □□□

(4) 部首が「こころ」の漢字 □□□

(5) 部首が「おおがい」の漢字 □□□

昭	院	顔	寒	息
宿	感	晴	階	頭
陽	題	暗	実	意

4 次の漢字を、意味を表す部分と、音を表す部分に分けて書きなさい。

〈例〉絵……意味 糸 ・ 音 会

(1) 洋……意味 □ ・ 音 □

(2) 持……意味 □ ・ 音 □

(3) 板……意味 □ ・ 音 □

(4) 帳……意味 □ ・ 音 □

(5) 想……意味 □ ・ 音 □

(6) 油……意味 □ ・ 音 □

(7) 横……意味 □ ・ 音 □

(8) 問……意味 □ ・ 音 □

3 熟語やことわざ・故事成語の意味を考えよう

知っトク！ポイント 4ページ

学習した日　月　日

標準レベル

確かめよう

答え 4ページ

1 次の(1)・(2)の熟語になるように、□の中から漢字を選んで書きなさい。

(1) 同じような意味の漢字をならべた熟語

あ 道□　い 家□　う □合　え □速

お 回□　か 場□　き □福　く □物

(2) 反対の意味の漢字をならべた熟語

あ 長□　い 発□　う □負　え □来

お 自□　か 生□　き □重　く □楽

短	転	死	集	品	他	屋	苦
去	路	軽	所	着	急	幸	勝

2 次の漢字に読みがなをつけなさい。また、その読み方の説明をア〜エから選んで、□に記号を書きなさい。

(1) 金具（　　）□
(2) 昔話（　　）□
(3) 虫歯（　　）□
(4) 整列（　　）□
(5) 味方（　　）□
(6) 中身（　　）□
(7) 係員（　　）□
(8) 茶畑（　　）□

ア 上の字も下の字も音読み。
イ 上の字も下の字も訓読み。
ウ 上の字は音読み、下の字は訓読み（重箱読み）。
エ 上の字は訓読み、下の字は音読み（湯桶読み）。

3 次のことわざの意味をあとから選んで、記号を書きなさい。

(1) 雨ふって地固まる　□

(2) ちょうちんにつりがね　□

(3) 立つ鳥あとをにごさず　□

(4) 出るくいは打たれる　□

(5) えびでたいをつる　□

(6) 善は急げ　□

ア　立ち去るときは、後始末をきちんとするべきだ。
イ　わずかな元手や労力で大もうけをする。
ウ　つり合わないこと。
エ　よいと思ったことは、ためらわないで実行せよ。
オ　もめごとがあったあとは、かえって前よりうまくいく。
カ　すぐれてぬけ出ている者は、人からにくまれやすい。

4 次の（　）に当てはまる言葉を□の中から選んで、故事成語を完成させなさい。

(1) 五十歩（　　）歩　（　　）

(2) 雨垂れ（　　）をうがつ　（　　）

(3) 木によりて（　　）を求む　（　　）

(4) （　　）の利　（　　）

(5) 朝三暮（　　）　（　　）

(6) 先んずれば（　　）を制す　（　　）

(7) とらの威を借る（　　）　（　　）

四	石	人	漁夫
百	魚	犬	きつね

ハイレベル 深めよう

答え 4ページ

1 次(つぎ)のひらがなを漢字(かんじ)で書きなさい。

(1) しめい
　あ 部長(ぶちょう)に［　　］される。
　い 地球(ちきゅう)を守(まも)る［　　］がある。

(2) いいん
　あ 学級(がっきゅう)［　　］に選(えら)ばれる。
　い 歯科(しか)［　　］に行きました。

(3) しんちょう
　あ ［　　］が十センチのびた。
　い ゆかたを［　　］したい。

(4) じゅうだい
　あ まだ［　　］の少年だ。
　い ［　　］な発表(はっぴょう)があります。

2 〈例(れい)〉にならって、次(つぎ)の熟語(じゅくご)の意味(いみ)を書きなさい。

〈例(れい)〉 帰国……（国に帰る）

(1) 習字(しゅうじ)……（　　）

(2) 国定(こくてい)……（　　）

(3) 表面(ひょうめん)……（　　）

(4) 入会……（　　）

3 上と下の漢字(かんじ)を―で結(むす)び、「……ではない」「……がない」という意味(いみ)の熟語(じゅくご)を作りなさい。

(1) 不(ふ)・　・口

(2) 無(む)・　・開(かい)

(3) 非(ひ)・　・足

(4) 未(み)・　・力(りき)

学習した日　月　日

4 次の(　)に当てはまる漢数字を書いて、ことわざを完成させなさい。

(1) 石の上にも(　)年

(2) 七転び(　)起き

(3) (　)度目の正直

(4) なくて(　)くせ

(5) 三つ子のたましい(　)まで

(6) (　)階から目薬

(7) すずめ(　)までおどり忘れず

(8) 悪事(　)里を走る

(9) 一寸の虫にも(　)分のたましい

5 次の故事成語の意味をあとから一つずつ選んで、記号を書きなさい。

(1) 矛盾

ア よくなったり悪くなったりすること。

イ なくてはならないこと。

ウ つじつまが合わないこと。

(2) 四面楚歌

ア 周りをてきにかこまれていること。

イ 周りの人がおうえんしてくれること。

ウ 周りが楽しいふんいきであること。

(3) 登竜門

ア いつかは必ずやらなければならないこと。

イ そこを通りぬければ立身出世できる関門。

ウ えんぎが悪くて、行くのがいやな場所。

(4) 助長

ア こまっている人をかげからそっとささえること。

イ よけいな手間がかかり、時間がのびること。

ウ よけいなことをして、かえって悪い方向に進むこと。

チャレンジテスト

1章 漢字を書く

時間 15分　得点　　点　答え 5ページ

学習した日　月　日

1

次の熟語に読みがなをつけなさい。ただし、音はかたかなで、訓はひらがなで書くこと。　一つ2〔28点〕

〈例〉重箱（ジュウばこ）

(1) 屋根（　　）
(2) 薬品（　　）
(3) 台所（　　）
(4) 線路（　　）
(5) 相手（　　）
(6) 王様（　　）
(7) 地主（　　）
(8) 油絵（　　）
(9) 青葉（　　）
(10) 荷物（　　）
(11) 湯気（　　）
(12) 鉄道（　　）
(13) 客間（　　）
(14) 世代（　　）

2

次の漢字の部首を書きぬいて、その画数を書きなさい。また、同じ部首をもつ漢字を一つ書きなさい。　完答一つ4〔28点〕

〈例〉使……部首［亻］・画数（2）・［体］

(1) 動……部首［　］・画数（　）・［　］
(2) 安……部首［　］・画数（　）・［　］
(3) 庫……部首［　］・画数（　）・［　］
(4) 緑……部首［　］・画数（　）・［　］
(5) 悲……部首［　］・画数（　）・［　］
(6) 和……部首［　］・画数（　）・［　］
(7) 遊……部首［　］・画数（　）・［　］

3 次の（　）に当てはまることわざをあとから選んで、記号を書きなさい。　一つ4〔20点〕

(1) 去年ゆうしょうしたチームをあの名かんとくが指導するなんて、（　）だ。

(2) （　）という言葉もあるので、毎日こつこつと勉強を続けよう。

(3) 入れるお金もないのに金庫を買うなんて、（　）だね。

(4) さがしていた本がすぐ目の前にあった。これはまさに（　）だ。

(5) 行きたかった遊園地のチケットをもらった。（　）とはこのことだ。

ア たなからぼたもち　イ ちりも積もれば山となる
ウ どんぐりのせい比べ　エ おにに金棒
オ 灯台もと暗し　カ 暮れぬ先のちょうちん

4 次の――線の故事成語の使い方が正しいものには○を、正しくないものには×を書きなさい。　一つ4〔24点〕

(1) かれのピアノをきいたけれど、あまり上手ではなくて、圧巻だったよ。

(2) 蛇足だとは思いますが、わたしからも一言説明させてください。

(3) きちんと推敲した食材を使って、おいしい料理をつくろう。

(4) 姉のせいかくはずさんなので、何事もきっちりしないと気がすまない。

(5) 先生がかけてくれた言葉を他山の石として、いっそう努力する。

(6) これ以上せいせきが下がったらゲームが取り上げられるという背水の陣でテストにのぞむ。

4 正しく書こう〈言葉のきまり①〉

知っトク！ポイント 4ページ

学習した日　月　日

標準レベル

確かめよう

答え 6ページ

1 次の符号は、どんなときに使いますか。正しいほうを選んで、○をつけなさい。

(1) ・

ア（　）文中で、同じような言葉を対等にならべて表すとき。

イ（　）文をとちゅうで区切って、意味をわかりやすくするとき。

(2) 『　』

ア（　）文中で、ある部分をくわしく説明しようとするとき。

イ（　）会話を表す「　」の中で、さらに会話を引用するとき。

(3) ……

ア（　）文のとちゅうで言葉を省いて、気持ちや意味を考えさせるとき。

イ（　）長い文をとちゅうで一度終わらせて、読みやすくするとき。

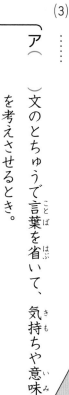

2 次から、かなづかいの正しいものを選んで、○をつけなさい。

(1)（　）あぢつけ　(2)（　）れえとう
(3)（　）こおえん　(4)（　）なっとお
(5)（　）ふくろづめ　(6)（　）けえかく
(7)（　）せいかく　(8)（　）あずき
(9)（　）ぢっさい　(10)（　）おりずる
(11)（　）にがおえ　(12)（　）こをろぎ
(13)（　）にをい　(14)（　）こうさく
(15)（　）かみくづ　(16)（　）へえたい
(17)（　）はなぢ　(18)（　）おうえん
(19)（　）にんづう　(20)（　）おおかみ
(21)（　）じまん
(22)（　）かなづち
(23)（　）かへりみち
(24)（　）えんとつ

3 次の言葉を、漢字に送りがなをつけて書きなさい。

(1) あたる（　　　）
(2) おおきい（　　　）
(3) はれる（　　　）
(4) たべる（　　　）
(5) はしる（　　　）
(6) いきる（　　　）
(7) とおい（　　　）
(8) おこなう（　　　）
(9) うたう（　　　）
(10) まじる（　　　）
(11) わける（　　　）
(12) まわる（　　　）
(13) まなぶ（　　　）
(14) おしえる（　　　）
(15) ひろがる（　　　）
(16) あゆむ（　　　）
(17) よわい（　　　）
(18) こまかい（　　　）

4 次の――線の言葉から、かなづかいや送りがながまちがっているものを二つずつ書きぬき、正しく書き直しなさい。

(1) 近かくのやおやで、安いねだんのにんじんやごぼうお見つけた。

（　　　）→（　　　）
（　　　）→（　　　）

(2) 急いで道を曲ったときにつまずいて転び、ひじにすりきづをつくってしまった。

（　　　）→（　　　）
（　　　）→（　　　）

(3) 今日の朝は水道がこうるほど寒かったので、起きてすぐにこたつに入いった。

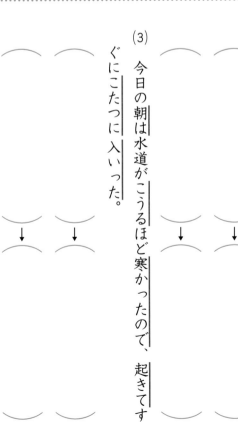

（　　　）→（　　　）
（　　　）→（　　　）

ハイレベル　深めよう

答え 6ページ

学習した日　　月　　日

1 次の文のうち、符号の使い方が正しいものには○を、まちがっているものには×をつけなさい。

(1)（　）先生が、「みんな、じゅんび体そうをしてからプールに入るようにしなさい、」とぼくたちに向かって言いました。

(2)（　）わたしは弟に、『お母さんが「早く帰ってきなさい。」と言っていたよ。』とうそをついてしまいました。

(3)（　）ひみつきち（ぼくの家の庭にある物置を改ぞうしたもの）に来たのは、田中君・林君・山田君と、ぼくの四人だった。

(4)（　）母から、「お姉ちゃんなんだから、もっとしっかりしなさい。」とおこられた姉は、「どうしていつもわたしばかり……。」と言って泣き出した。

(5)（　）文ぼう具を（えん筆・消しゴム・ものさし）買うお金を父からもらいました。

(6)（　）「家族全員で、『たん生日おめでとう。』と祝ってくれたんだ。」と、ゆうや君はうれしそうに話していました。

2 次の漢字を使って、――線の言葉を漢字と送りがなで書きなさい。

(1) 開
- あ　までを<u>あける</u>。（　　）
- い　花のつぼみが<u>ひらく</u>。（　　）

(2) 着
- あ　人形に服を<u>きせる</u>。（　　）
- い　ほう石を身に<u>つける</u>。（　　）

(3) 重
- あ　本を<u>かさねる</u>。（　　）
- い　荷物が<u>おもい</u>。（　　）

(4) 明
- あ　年が<u>あける</u>。（　　）
- い　<u>あきらか</u>な事実だ。（　　）
- う　部屋の中は<u>あかるい</u>。（　　）

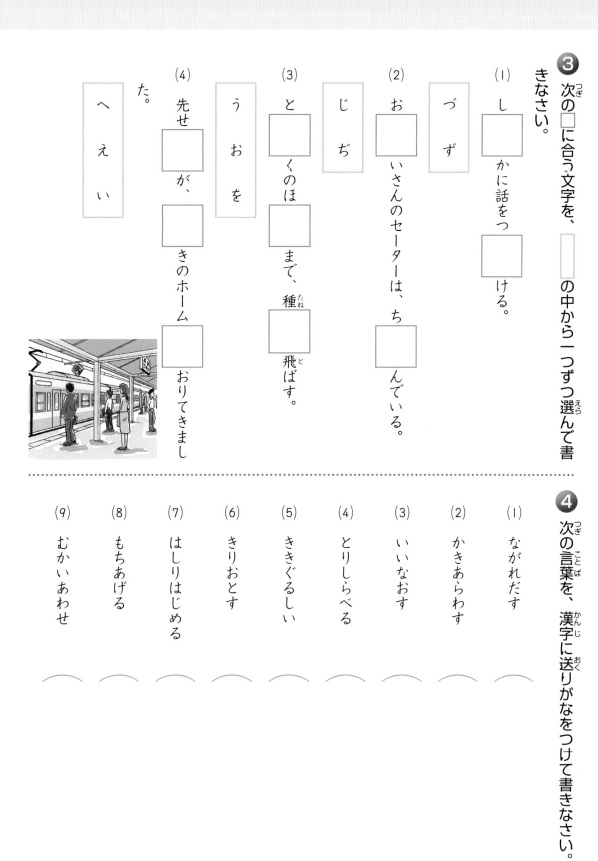

❸ 次の□に合う文字を、[　]の中から一つずつ選んで書きなさい。

(1) し□かに話をつ□ける。

[づ　ず]

(2) お□いさんのセーターは、ち□んでいる。

[じ　ぢ]

(3) と□くのほ□まで、種□飛ばす。

[う　お　を]

(4) 先せ□が、□きのホーム□おりてきました。

[へ　え　い]

❹ 次の言葉を、漢字に送りがなをつけて書きなさい。

(1) ながれだす（　　）

(2) かきあらわす（　　）

(3) いいなおす（　　）

(4) とりしらべる（　　）

(5) ききぐるしい（　　）

(6) きりおとす（　　）

(7) はしりはじめる（　　）

(8) もちあげる（　　）

(9) むかいあわせ（　　）

5 注意して書こう〈言葉のきまり②〉

学習した日　　月　　日

知っトク！ポイント 4ページ

標準レベル

確かめよう

答え 7ページ

1 次の――線を、ていねいな言い方に書き直しなさい。

(1) 鏡の前に立つ。

(2) 明日は雨だろう。

(3) その本は読んだ。

(4) そろそろ出発しよう。

(5) まだ家に帰らない。

(6) まだ食べるか。

(7) いっしょにおどらないか。

2 次の――線の言葉づかいはまちがっています。文全体を正しく書き直しなさい。

(1) はさみの紙へ切った。

(2) 妹だけわたしはほうが、ピアノがうまい。

(3) 大雨にふられたのに、シャツもズボンがずぶぬれだ。

(4) この分だと、今夜は雪になりようだ。

(5) わたしは父をよばれて二階へ行った。

3 次の表の(1)〜(12)に合う言葉を、［　］の中から選んで書きなさい。

	相手を直せつうやまう言葉	自分がへりくだった言葉
言う	(1)	(2)
来る	(3)	(4)
見る	(5)	(6)
食べる	(7)	(8)
あたえる	(9)	(10)
する	(11)	(12)

いらっしゃる　はいけんする　いただく　いたす
ごらんになる　申しあげる　参る　なさる
おっしゃる　めしあがる　くださる　差しあげる

4 次の——線の言葉に注意して、（　）に当てはまる言葉を、［　］の中から選んで書きなさい。

(1)（　　）石のようなおせんべいだ。

(2)（　　）弟はまだねているだろう。

(3)（　　）道にまよったら、電話をしなさい。

(4)（　　）うそは言うまいと決心した。

(5)（　　）遊びに来てください。

(6)（　　）だれもいないのですか。

もし　たぶん
ぜひ　決して
まるで　なぜ

ハイレベル

答え 7ページ

1 次の文を、「　」の指示にしたがって書き直しなさい。

(1) 午前六時に目を覚ます。
「目が」を使った文にする。
(　　　　　　　　　　　　)

(2) 公園にたくさんの人を集める。
「人が」を使った文にする。
(　　　　　　　　　　　　)

(3) お母さんが赤ちゃんをだく。
「赤ちゃんが」を使った文にする。
(　　　　　　　　　　　　)

(4) みんなが山本さんをほめた。
「山本さんが」を使った文にする。
(　　　　　　　　　　　　)

学習した日　月　日

2 次のような場合には、どのような言い方をすればよいですか。最もよいものをそれぞれあとから選んで、○をつけなさい。

(1) 年上の知らない人に話しかける場合。
ア(　)何かおこまりですか。
イ(　)何かおこまりなのか。
ウ(　)何かこまっているの。

(2) るす番をしているとき、お母さんにあてて電話があった場合。
ア(　)お母さんは夕方まで帰りません。
イ(　)母は夕方まで帰りません。
ウ(　)母は夕方までお帰りになりません。

(3) 家に来た客に話しかける場合。
ア(　)今、お父さんをおよびします。
イ(　)今、父をおよびになります。
ウ(　)今、父をよんできます。

(4) 弟の同級生だという人から電話がかかってきた場合。
ア(　)名前を教えなさい。
イ(　)お名前を教えてください。
ウ(　)お名前を教えなさい。

3 次の——線の言葉づかいを、〈例〉にならって、正しく書き直しなさい。

〈例〉ぼくは、ぜったいに負けないようだ。　（負けないつもりだ）

(1) 岩は大きくて、とうてい人間には動かせる。（　　　）

(2) わたしは、その意見はまちがっています。（　　　）

(3) ちこくをするのは、ねぼうをすることだ。（　　　）

(4) お金を落とすやらけがをするなどで、散々だった。（　　　）

(5) ゲームのルールは、多少知らない。（　　　）

4 次の——線の言葉を、相手をうやまう正しい言い方に書き直しなさい。

(1) えんりょせずに、どんどんいただいてください。（　　　）

(2) ぼくがむかえにいらっしゃいます。（　　　）

(3) わたしがかいた絵をはいけんしましたか。（　　　）

(4) あなたが申しあげることはよくわかります。（　　　）

(5) これは、先生がぼくに差しあげた人形です。（　　　）

(6) わたしが、部屋のそうじをなさいます。（　　　）

6 整理して書こう〈答え方のきまり〉

標準レベル

確かめよう

答え 8ページ

知っトク！ポイント 4ページ

学習した日　月　日

1 次の絵を見て、□の中の言葉を使い、絵のないようを説明する文を作りなさい。

(1)

ぼく　まず 歯　起きたら

（　　　　　　　　）

(2)

わたし　家族 海　八月三日

（　　　　　　　　）

2 次の――線の部分が答えとなるようなしつもんを、〈例〉にならって作りなさい。

★日曜日、わたしは①田中さんの家に遊びに行こうとしましたが、②自転車のタイヤがパンクしていたために、田中さんの家まで歩いて行かなければなりませんでした。田中さんの家では、③クッキーを食べたりおしゃべりをしたりして、楽しい時間をすごしました。

〈例〉★（「わたし」は、いつ遊びに行きましたか。）

①（「わたし」は、　　　　　　　　）

②（「わたし」は、　　　　　　　　）

③（「わたし」は、　　　　　　　　）

3 次の文章を読んで、問題に答えなさい。

今年の冬はいつもの年よりも寒く、もう何回も雪がふっています。節分の日も朝からはげしく雪がふっていました。お昼ごろには雪のいきおいが弱まりましたが、地面にはかなり積もっています。はるなさんは弟といっしょにかん声をあげて、真っ白になった庭に飛び出しました。二人で雪合戦をして遊んだあと、雪だるまを作りました。

お昼ご飯を食べたあと、今度は家の中で豆まきをしました。はるなさんと弟は、おにのお面をかぶったお父さんに豆を投げつけ、お父さんを追いかけて家中を走り回りました。台所もはるなさんたちの部屋も豆だらけになってしまい、お母さんは、

「もう、そうじがたいへん。」

とぶつぶつ言っています。

「雪玉を投げたり豆を投げたりして、お前たちもたいへんだな。」

走り回って<u>息を切らしたお父さん</u>が、笑いながらはるなさんと弟に話しかけました。

(1) この文章は、いつの日のことをえがいたものですか。

（　　　　）

(2) だれが庭に出ましたか。

（　　　　）

(3) (2)で答えた人物は、庭で何をしましたか。次の（　）に入る言葉を書きなさい。

（　　　　）をしてから、（　　　　）を作った。

(4) お昼ご飯を食べたあと、どんなことをしましたか。次の（　）に入る言葉を書きなさい。

（　　　　）がおにになって（　　　　）をした。

(5) ——線について、なぜお父さんは息を切らしているのですか。次の（　）に入る言葉を書きなさい。

はるなさんと弟に（　　　　）、家中を走り回った（　　　　）。

ハイレベル　深めよう

答え8ページ

1 次の文章を読んで、問題に答えなさい。

六月になると太陽が高くなり、晴れた日には気温が三〇度以上にもなって、むし暑くなる。しかも、梅雨に入ると雨やくもりの日が多くなり、じめじめしたうっとうしい天気が続くようになる。

この時期、電車の中のわすれ物で多くなるのがかさである。毎日のように天気が悪く、かさを持ち歩く機会が多くなるのだから、わすれ物としての数がふえるのも当然といえるのかもしれない。また、最近はかさのねだんが安くなったので、わすれたことに気づいても、わざわざ取りにもどらない人がふえているということもあるのだろう。

しかし、いくら安かったとしてもわすれ物をして気分がいいわけはない。長いかさを手に持つのではなく、折りたたみのかさをかばんの中に入れるなどして、置きわすれをふせぐように気をつけたいものである。

(1) この文章は、どんなことについて書かれたものですか。次の（　）に入る言葉を書きなさい。

（　　　）に入ると、（　　　）が（　　　）。

(2) この文章では、かさのわすれ物が多いのはなぜだと考えていますか。次の（　）に入る言葉を書きなさい。

・梅雨どきは（　　　）。

・かさが安いため、（　　　）。

(3) この文章では、かさをわすれないようにするために一つのていあんをしています。それはどんなことですか。次の（　）に入る言葉を書きなさい。

（　　　）のではなく、（　　　）。

学習した日　月　日

❷ 次の文章を読んで、問題に答えなさい。

わたしは玉ねぎが大きらいでした。小学生になってから、玉ねぎを食べようと思ったことはありません。

ようち園のころ、テーブルの上に置いてあった玉ねぎを生のままかじったことがあります。あまりのまずさにすぐにはき出し、それ以来こんなものは食べ物ではないと思うようになりました。玉ねぎを見ると、そのときのことを思い出して、口の中がからくなり、なんだか落ち着かなくなってしまいます。

ある日、夕食にチャーハンが出ました。チャーハンはわたしの大好物です。あっという間に食べ終わったわたしは、もちろん①大満足でした。

「ごちそうさま。ああ、おいしかったあ。」

わたしの声を聞きながら、母はにこにこしています。

「やっと玉ねぎが食べられるようになったね。」

わたしは②母の言っていることがわからず、ぽかんとしていました。実は、母は玉ねぎを細かくきざんでチャーハンにまぜておいたのです。わたしは自分で気がつかないうちに、玉ねぎが食べられるようになっていたのです。

(1) 「わたし」が玉ねぎをきらいになったのは、なぜですか。「……ので、……」という形で、玉ねぎのことをどう思っているかまでわかるように書きなさい。

(2) 「わたし」は、玉ねぎを見るとどんな気持ちになりますか。

(3) ――線①とありますが、なぜ「大満足」だったのですか。二十字以内で書きなさい。

(4) ――線②とありますが、「わたし」がぽかんとしたのは、どんなことが原いんですか。「……のに、……」という形で書きなさい。

チャレンジテスト

2章 短文を書く

時間 20分　得点　　点　答え 9ページ

学習した日　　月　　日

1 次の文章を読んで、問題に答えなさい。

①ある日の昼休みのことだった。わたしは、学校の図書室で、同なじクラスのあやのさんと二人で本を読んでいました。図書室はふだん静かなのですが、昼休みにかぎってわ給食を食べ終わって急いでかけこんでくる人がいたり、次のじゅぎょうにそなえてあわてて出ていく人がいたりで、②あわただしいふんいきになります。

その日は雨がふって校庭で遊ぶことができなかったので、いつもより図書室はこみあっていました。その中に上級生らしい三人組の男子がいたのですが、その男子たちは本を読むわけでもなく、周りの人たちのことなど気にせずに大声でおしゃべりをしていました。わたしは、「うるさいなあ。」と心の中で思いましたが、上級生に注意をすることはこわかったので、何も言わずだまっていました。

すると、となりの席にすわっていたあやのさんがすっくと立ち上がり、

「ここは図書室なんですよ。みんながめいわくしている

(1) ——線①の一文を、ていねいな言い方に書き直しなさい。〔10点〕

(　　　　)

(2) 文章の最初の段落には、送りがなのまちがいとかなづかいのまちがいが一つずつあります。その部分を書きぬき、正しく書き直しなさい。完答一つ5〔10点〕

(　　)→(　　)　(　　)→(　　)

(3) ——線②のようなふんいきになるのは、なぜですか。〔15点〕

(　　　　)

(4) ——線③とありますが、「わたし」はどんなことにびっくりしたのですか。あやのさんのせいかくもわかるように書きなさい。〔15点〕

ので静かにしてください。」

と、強い口調で言ったのです。ふだんはおとなしくて口数が少ないあやのさんの意外な行動に、③わたしはびっくりしてしまいました。

　図書室は、[④]こおりついたように静まり返ります。三人組の男子は、あやのさんのほうをじっとにらんでいます。⑤わたしははらはらしながら立っているあやのさんを見上げていました。

　そのときです。ろうかに面したまどから顔をのぞかせた教頭先生が、おだやかな口調で男子たちに⑥言いました。

「かべのはり紙を見てごらん。『図書室では静かにしましょう。』と書いてありますよ。みなさんは上級生なのだから、下級生のお手本にならないといけませんね。」
　男子たちは、顔を真っ赤にして、はずかしそうに図書室を出ていきました。
　上級生に注意をしたあやのさんの勇気に感心すると同時に、何もできなかった自分に対して、はらが立ちます。⑦わたしに必要なのは、いけないことはいけないと言える勇気をもとう、と強く感じています。

---

(5) [④]に入る言葉を次から選んで、○をつけなさい。〔10点〕

ア（　）もし　イ（　）まるで　ウ（　）おそらく

(6) ――線⑤の文を、はらはらしているのが「わたし」であることがはっきりするように、、（読点）を一つつけて書き直しなさい。〔15点〕

(7) ――線⑥の言葉を、教頭先生をうやまう言い方にかえたものを次から選んで、○をつけなさい。〔10点〕

ア（　）申しあげました
イ（　）おっしゃられました
ウ（　）おっしゃいました

(8) ――線⑦を、意味が通るように書き直しなさい。〔15点〕

7 文の組み立てに注意しよう

標準レベル　確かめよう

答え 10ページ

1 次の文から、主語と述語を書きぬきなさい。

(1) 白い シーツが 風に ゆれる。
主語（　　） 述語（　　）

(2) 箱の 中身は ガラスの コップだった。
主語（　　） 述語（　　）

(3) わたしも 弟の ホームランには おどろいた。
主語（　　） 述語（　　）

(4) 明日の 朝は 雨が やむだろう。
主語（　　） 述語（　　）

(5) 冬こそ なべ料理が おいしい 季節だ。
主語（　　） 述語（　　）

2 次から、——線の言葉が〰〰線の言葉をくわしくしているものを四つ選んで、記号を書きなさい。

知っトク! ポイント 5ページ

学習した日　月　日

ア 春に 生まれた 子牛が 草を 食べて いる。

イ ぼくは おじさんに お礼の 手紙を 書いた。

ウ わたしは しのぶ君に 正しい 答えを 教えた。

エ 昨日 拾った 手ぶくろは りょう君のだった。

オ お客様が いらっしゃるので、わたしは 急いで 部屋を かたづけた。

カ 公園に 行った 妹が あわてて 家に 帰って きた。

キ ぼくは 走る 前に、しっかり くつの ひもを 結んだ。

ク となりの クラスの まりちゃんも じゅくに 通って いるそうだ。

（　　）（　　）（　　）（　　）

3 次の主語と述語の関係となる文を、□の中から二つずつ選んで、記号を書きなさい。

(1) 何が（は）―どうする。（　）（　）

(2) 何が（は）―どんなだ。（　）（　）

(3) 何が（は）―何だ。（　）（　）

(4) 何が（は）―ある（いる・ない）。（　）（　）

ア 今日は　朝から　いい　天気だ。
イ お父さんが　夕ごはんに　ぎょうざを　作った。
ウ ロッカーの　中には　体そう服が　ある。
エ この　トマトは　あまくて　おいしい。
オ ぼくは　昨日　あたる君に　電話を　かけた。
カ 弟は　自分の　部屋に　いなかった。
キ 先生は　学生時代、マラソンの　選手だった。
ク だれも　いない　校庭は　とても　静かだ。

4 次の文の組み立てを考えて、□に入る言葉を書きなさい。

(1) いちょうの　葉が　地面に　落ちる。

あ（修飾語）□ → う（主語）□
い（修飾語）□ → え（述語）□。
う（主語） ⇒ え（述語）

(2) 子どもの　さるが　しいく員に　えさを　もらう。

あ（修飾語）□ → い（主語）□
い（主語） ⇒ う（述語）□。
え（修飾語）□ → う（述語）
お（修飾語）□ → う（述語）

ハイレベル ✦✦✦ 深めよう

答え 10ページ

1 次のうち、主語と述語が両方ある文には○を、主語のない文には△を、述語のない文には×をつけなさい。

(1)（　）家に　帰ってから、すぐに　手を　あらった。

(2)（　）遠くで　パトカーの　サイレンが　鳴って　いる。

(3)（　）おや、今　ぼくが　読んで　いた　本は？

(4)（　）公園で　遊んで　いる　妹を　見かけた。

(5)（　）だれか　お代わりが　ほしい　人は？

(6)（　）昨日の　サッカーの　試合、見ましたか。

(7)（　）むずかしいね、この　算数の　テストは。

2 次の——線の言葉を直せつくわしくしている言葉を、すべて書きぬきなさい。

(1) わたしは　二階の　カーテンを　<u>開けた</u>。
（　　　　）

(2) おばあちゃんが　ぼくに　お年玉を　<u>くれた</u>。
（　　　　）

(3) 赤い　小さな　<u>花が</u>　さいて　いる。
（　　　　）

(4) 道ばたで、太った　<u>ねこが</u>　昼ねを　して　いる。
（　　　　）

(5) ぼくは　日なたに　ハーブの　植木ばちを　<u>置いた</u>。
（　　　　）

(6) 日曜日、わたしは　かなちゃんと　博物館に　<u>行きました</u>。
（　　　　）

学習した日　月　日

3 次の文の組み立てを考えて、□に入る言葉を書きなさい。

(1) 地しんで　ゆかに　こうかな　花びんが　落ちた。

あ（修飾語）□　い（修飾語）□

う（主語）□　え（述語）□。

お（修飾語）□

(2) 校庭を　かいた　絵が　校長室の　かべに　かざられる。

あ（修飾語）□　い（修飾語）□

う（主語）□　え（述語）□

お（修飾語）□　か（修飾語）□。

4 次のあ・いの文を読んで、問題に答えなさい。

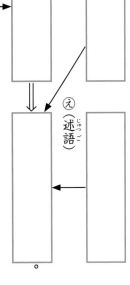

あ アお正月に、イわたしは　ウ弟と　エ羽根つきを　オしました。

い アすると、イ通りかかった　ウおばあさんが、エ今の　オ子どもたちも　カ羽根つきを　キするんだねえと　ク言いました。

(1) あの文のオ「しました」を直せつくわしくしている言葉をすべて選んで、記号を書きなさい。

（　　）

(2) いの文の主語と述語はどれですか。それぞれ記号を書きなさい。

主語（　　）　述語（　　）

(3) いの文のエ「今の」がくわしくしている言葉を選んで、記号を書きなさい。

（　　）

8 文のつながりに注意しよう

標準レベル

確かめよう

答え 11ページ

知っトク！ポイント 5ページ

学習した日　月　日

1 次の文章を読んで、問題に答えなさい。

お店にならんでいる商品には、たいていバーコードがついています。商品を買うときには、レジの人が①これを機械で読み取ります。バーコードは、太さのちがう何本ものたて線によって、商品の名前や作った会社の名前などのじょうほうを表したものです。②これらのじょうほうを機械で読み取ると、おおもとのコンピュータに、いつ、どこで、どんな商品が売れたかということが送られるのです。［③］、ねだんのじょうほうはバーコードには入っておらず、別にせっ定しなければいけません。こうして、お店の人は、バーコードで商品を管理して、④「商品があと三つしかないので、新しく仕入れよう。」「この商品はお昼にたくさん売れるので、もっと仕入れよう。」というように、計画を立てているのです。

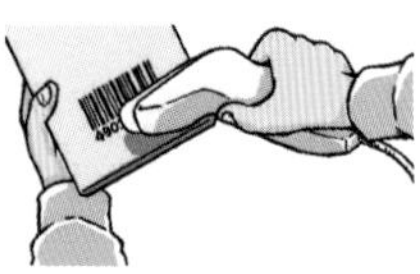

(1) ――線①「これ」は、何を指していますか。

（　　　　）

(2) ――線②「これら」は、何を指していますか。二つ書きなさい。

（　　　　）

（　　　　）

(3) ［③］に入るつなぎ言葉を次から選んで、○をつけなさい。

ア（　）つまり

イ（　）ただし

ウ（　）あるいは

(4) ――線④の文を、つなぎ言葉を使って二つの文に分けて書きなさい。

（　　　　）

2 次の文章を読んで、問題に答えなさい。

「牛にゅうを飲まないと、ほねがじょうぶにならないよ。」――こう言われたことはありませんか。それは、牛にゅうにカルシウムという成分が多くふくまれているからです。［①］カルシウムが多くふくまれている食品には、ほかに小魚や野菜などがあります。

カルシウムには、主にほねや歯を作る働きがあります。

一方で、カルシウムのとり方が足りないと、体はほねにたくわえられたカルシウムをとかしてしまいます。②そうすることで血えき中のカルシウムのこさをたもっているのです。③カルシウム不足でほねのカルシウムがとけてしまうと、ほねは折れやすくなります。

［④］、ほねや歯はカルシウムだけでなく、たんぱくしつやリン、マグネシウムなどの成分でも作られます。

［⑤］、ほねや歯をじょうぶにするには、牛にゅうを飲むだけではなく、これらの成分がふくまれた食品も、バランスよくとることが大切なのです。

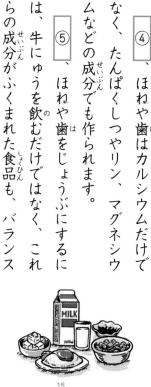

(1) ［①］に入るこそあど言葉を次から選んで、○をつけなさい。

ア（　）どの　イ（　）あの　ウ（　）この

(2) ――線②「そうすること」とは、どういうことを指していますか。「……こと。」につながるように書きなさい。

（　　　　　　　　）こと。

(3) ――線③の文を、つなぎ言葉を使って二つの文に分けて書きなさい。

（　　　　　　　　）

(4) ［④］に入るつなぎ言葉を次から選んで、○をつけなさい。

ア（　）または　イ（　）だから
ウ（　）また

(5) ［⑤］に入るつなぎ言葉を次から選んで、○をつけなさい。

ア（　）つまり　イ（　）しかし
ウ（　）なぜなら

ハイレベル

答え11ページ

1 次の文章を読んで、問題に答えなさい。

少し前まで、道具を使うのは人間だけだと考えられていました。①しかし、いろいろな生き物が道具を使っていることがわかってきました。②その例をいくつかしょうかいしましょう。

生き物が道具を使うのは、食べ物をとるためであることが多いようです。[③]、ブラジルのかんそう地帯に、フサオマキザルというサルがいます。このサルは、石を使ってヤシの実をわって食べるのです。森の中に、テーブルのように平らな岩がいくつかあります。かれらは④平らな岩にヤシの実を置いて、大きな石を持ち上げてヤシの実をたたいてわるのです。ヤシの実はとても固いので、なかなかうまくわれません。サルたちは、先ぱいのサルがヤシの実をわる様子を見て、長い時間をかけてそのわざを覚えていきます。

また、東南アジアのスマトラ島にすむオランウータンは、小えだを使ってアリをとります。小えだを木のあなに入れます。すると、中にいるアリが、てきが来たと思っ

(1) ――線①「しかし」と同じ働きをするつなぎ言葉を次から選んで、○をつけなさい。

ア（　）ところが　　イ（　）そして

ウ（　）ならびに

(2) ――線②「その」は、何を指していますか。「……の例。」につながるように、十五字以内でまとめなさい。

□□□□□□□□□□
□□□□□ の例。

(3) [③] に入るつなぎ言葉を次から選んで、○をつけなさい。

ア（　）ただし　　イ（　）だから

ウ（　）たとえば

(4) ――線④「平らな岩」を、こそあど言葉に書きかえなさい。

（　　　　）

(5) ――線⑤「また」は、どんなときに使うつなぎ言葉ですか。最もよいものを次から選んで、○をつけなさい。

学習した日　　月　　日

て小えだにかみついてきます。そうしたら、オランウータンは小えだを引きぬいて、アリを食べるのです。⑤また、オランウータンは、食べ物をとる目的のほかにも道具を使います。雨がふってくると、大きな葉をとって、頭の上にのせます。つまり、葉っぱをかさの代わりにするのです。⑥ほかにもオランウータンは、小えだで体をかいたり、大きな葉で体をおおったりします。

　鳥にも、道具を使うものがいます。ササゴイは、「つりをする鳥」として知られています。魚をつかまえるとき、こん虫や小えだなどを使うことがあるのです。ササゴイは、こん虫や小えだを口にくわえて、それを水面に落とします。そして、石の上や草のかげにかくれます。⑦魚がそれをえさだと思って集まってきたところを、すばやくつかまえるのです。

　⑧このように、生き物は生きていくために、いろいろなちえを身につけているのです。

ア（　）前の事がらと反対の事がらがあとにくるとき。

イ（　）前の事がらを別の言葉で言いかえるとき。

ウ（　）前の事がらにあとの事がらを付け加えるとき。

(6) ――線⑥の文を、つなぎ言葉を使って二つの文に分けて書きなさい。

（　　　　　　　　）

(7) ――線⑦「それ」は、何を指していますか。「ササゴイが……」に続けて、十五字以内でまとめなさい。

ササゴイが

(8) ――線⑧「このように」は、どこからどこまでを指していますか。最もよいものを次から選んで、○をつけなさい。

ア（　）生き物が道具［5行目］……えるのです。［35行目］

イ（　）また、東南ア［15行目］……たりします。［28行目］

ウ（　）また、東南ア［15行目］……えるのです。［35行目］

9 段落のつながりに注意しよう

標準レベル

確かめよう

答え 12ページ

1 次の文章を読んで、問題に答えなさい。

昔の日本のお札を見ると、りっぱなひげを生やした人物をえがいたものが多いようです。それはなぜなのでしょうか。昔はお札をつくるとき、かみの毛やひげ、しわなどがあると、顔の特ちょうを出すことができて、絵をかきやすかったのです。また、ひげやしわなどの細かい線があると、にせ札がつくられるのをふせぐこともできます。しかし、今はコピー機もせいみつなものになり、ただ細かい線があるというだけでは、にせ札がつくられるのをふせぐことはできません。

そこで、今使われているお札には、最新のぎじゅつでにせ札がつくられないようなくふうがいろいろとされるようになり、その結果、お札に選ばれる人物の顔にひげやしわがなくてもよくなったのです。

(1) この文章を大きく三つに分けるとすると、二つ目・三つ目のまとまりはどこから始まりますか。それぞれ初めの三字を書きなさい。

㋐ 二つ目 [　　　]　㋑ 三つ目 [　　　]

(2) (1)で分けたそれぞれのまとまりでは、どんなことがのべられていますか。最もよいものを次から選んで、記号を書きなさい。

ア 昔のお札の人物に、りっぱなひげがあること。
イ 今のお札の人物に、ひげやしわがない理由。
ウ 昔のお札の人物に、ひげやしわがあった理由。

㋐ 一つ目（　　）　㋑ 二つ目（　　）　㋒ 三つ目（　　）

(3) この文章の題名として、最もよいものを次から選んで、○をつけなさい。

ア（　）にせ札のつくられ方　イ（　）お札の大きさ
ウ（　）お札の人物のひげやしわ

知っトク! ポイント 5ページ

学習した日　月　日

2 次の文章を読んで、問題に答えなさい。

1 陸上競ぎの種目に、マラソンがあります。四二・一九五キロメートルを走って、順位やタイムを競います。

2 大昔、今のギリシャにあるマラトンという土地で、アテネ軍が勝利をおさめました。この勝利を伝えるため、ある兵士がマラトンからアテネまでの約四十キロメートルを走り、勝利をつげたあと死んだそうです。

3 この言い伝えをもとに、第一回オリンピックでマラトンからアテネまで走る競ぎが行われたのです。マラトンの英語読みが、マラソンです。

4 なぜマラソンの長さが四二・一九五キロメートルとなったのか、一つの説があります。

5 第四回ロンドンオリンピックのとき、最初は約四十キロメートルを走ることになっていました。しかし、イギリスのおきさき様が、「スタート地点はおしろの庭、ゴール地点は競ぎ場のボックス席の前にして。」と注文をつけました。そのため、半ぱな数字になったのだそうです。

6 このように一つの競ぎが生まれたはいけいを調べると、意外な事実がわかっておもしろいですね。

---

(1) この文章は、どんなことについて説明した文章ですか。最もよいものを次から選んで、○をつけなさい。

ア（　）マラソンが陸上の種目になったのはなぜか。
イ（　）マラソンはなぜ世界中に広まったのか。
ウ（　）マラソンにはどのようなれきしがあるのか。

(2) 1は、どんな役わりを果たしていますか。最もよいものを次から選んで、○をつけなさい。

ア（　）具体例を挙げて説明する役わり。
イ（　）読者のぎもんに答える役わり。
ウ（　）何についての説明かという話題をのべる役わり。

(3) 次のあ・いについて説明しているのは、それぞれどの段落ですか。すべて選んで、段落の番号を書きなさい。

あ マラソンという競ぎの始まり
い マラソンの長さが決まった理由

あ（　　）　い（　　）

(4) 筆者の感想や考えがまとめられている段落を一つ選んで、段落の番号を書きなさい。

（　　）

答え 12ページ

学習した日　　月　　日

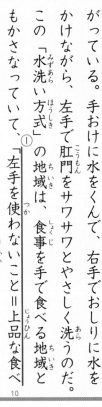

1 次の文章を読んで、問題に答えなさい。

[1]「トイレでおしりをキレイにするやりかた」は、世界各地でいろいろあるけれど、大きくふたつにわけられそうだ。

[2] ひとつは「おしりを水で洗う方法」。これは東南アジアからアフリカにかけての赤道一帯、つまりあたたかい地域に広がっている。手おけに水をくんで、右手でおしりに水をかけながら、左手で肛門をサワサワとやさしく洗うのだ。この「水洗い方式」の地域は、食事を手で食べる地域ともかさなっていて、①「左手を使わないこと＝上品な食べかた」とされている。なんとなく理解できるよね。

[3]「水洗い方式」とおなじやりかたで「砂洗い方式」というのもある。これはサハラ砂漠など、水が貴重な地域の人たちのやりかたで、水のかわりに砂をこすりつけて洗う。②これもとても気もちがいい。

[4] もうひとつは③「おしりを紙でふく方法」だ。これは日本や中国、ヨーロッパなど、冬が寒い地域に広がって

(1) この文章には、どんなことが書かれていますか。文章中の言葉を書きぬきなさい。

「（　　　　）」には、どのようなものがあるか。

(2) ――線①「『左手を使わないこと＝上品な食べかた』とされている」とありますが、それはなぜですか。「おしり」という言葉を使って、二十字以内で書きなさい。

(3) ――線②「これ」とは、何を指していますか。

（　　　　）

(4) ――線③「おしりを紙でふく方法」とありますが、この方法をとっている地域には、どんな特ちょうがありますか。

（　　　　）という特ちょう。

(5) [5]は、どんな役わりを果たしていますか。最もよいものを次から選んで、○をつけなさい。

いる（ヨーロッパの文化が広がった中南米でも紙を使う）。そりゃそうだよね。真冬に冷たい水でおしりは洗いたくないもの。

5 ところで、世界にはトイレじたいがない地域もたくさんある。④、サハラ砂漠やモンゴルの草原。こういう地域では、砂丘のくぼ地とか、何百メートルも歩いて行った先で、しゃがんで用をすませる。でも砂漠の遊牧民もモンゴルの人たちも、視力がとんでもなくいい（一説によると7・0もある人もいるとか！）ので、「どこまで行ってもお見通し」だったりする。

6 また、インドの海岸を早朝、散歩していると、砂浜にたくさんの人がしゃがんでいるのを見かける。そう。海がトイレなのだ。ほかに、モン族*のように、家畜や養殖している魚に食べさせる地域もある。人間のウンコには、まだまだ栄養がたくさんのこっているんだね。

7 最後に私たちの感想だけど、「紙ふき方式」よりも⑤「水洗い方式」の方が、だんぜん気もちがいい。しかも使うのは水だけだからエコロジーでもある。

〈中山茂大「世界中からいただきます！」㈱偕成社刊〉による

*モン族…タイ中西部とミャンマー東部に住む民族。

ア（　）④に書かれた事がらから生じたことを、説明する役わり。

イ（　）④に書かれた事がらについて、具体例を挙げて説明する役わり。

ウ（　）④までに書かれた事がらとは別の、新しい話題を投げかける役わり。

(6) ④に入る言葉を次から選んで、○をつけなさい。

ア（　）たとえば　イ（　）つまり　ウ（　）さらに

(7) この文章のつながりを図で表すと、どうなりますか。最もよいものを次から選んで、○をつけなさい。

ア（　）

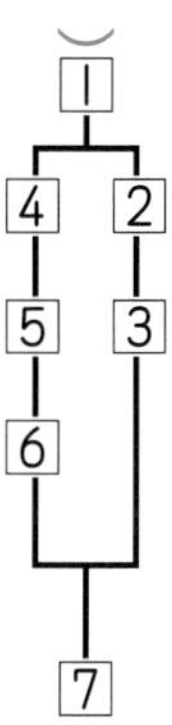

イ（　）

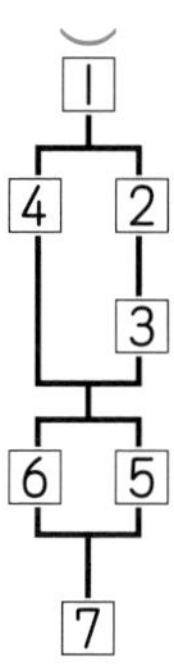

ウ（　）

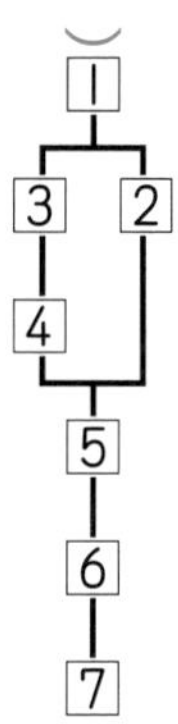

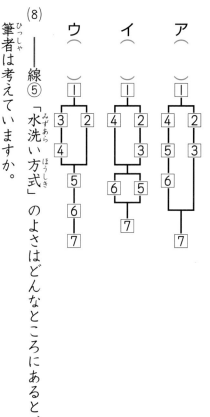

(8) ——線⑤「水洗い方式」のよさはどんなところにあると、筆者は考えていますか。

紙でふくよりもだんぜん気もちがよくて、

（　　　　　　　　　　）

チャレンジテスト

3章 短文を読む

時間 20分　得点　点　答え 13ページ

学習した日　月　日

1 次の文章を読んで、問題に答えなさい。

[1] あなたは「地産地消」という言葉を知っていますか。

[2] 一九八〇年代の農村では、米とみそしる、つけものというのが食事のパターンでした。しかし、①それでは塩分のとりすぎで、病気の原いんになります。そこで、②足りない栄養そをふくむ農産物をほかのちいきから買って、食生活を改めようとしました。すると、今度は食費が高くなってしまうので、地元でそのような農産物を作ろうということになったのです。これが、「地産地消」という言葉が使われ始めた理由です。

[3] その後、外国から、国産よりも安い農産物が国内に入ってくるようになると、国産の農産物にたよらない食生活が生まれました。日本食に欠かせない小麦やソバなどもゆにゅうするようになり、日本で生産できないバナナやアボカドなども安く手に入るようになっています。③日本人の食生活はゆにゅう品で大きく変わりました。

[4] そんななかで、国産の農産物でも、農薬を使っていなかったり、特別においしかったりすれば、ねだんが高

(1) ――線①と②は、どんな関係でつながっていますか。最もよいものを次から選んで、○をつけなさい。〈10点〉

ア（　）①の事がらとは反対の事がらを②でのべる。

イ（　）①の事がらの結果となる事がらを②でのべる。

ウ（　）①の事がらと同じような事がらを②でのべる。

(2) [2]は、何について説明していますか。それがわかる一文の初めの五字を書きぬきなさい。〈15点〉

(3) [3]の小見出しとして、最もよいものを次から選んで、○をつけなさい。〈15点〉

ア（　）農産物のゆにゅうと日本人の食生活の変化

イ（　）日本食に欠かせない食材

ウ（　）国産よりも安い農産物の種類

(4) ――線③「日本人の食生活はゆにゅう品で大きく変わりました。」という一文の、述語を直せつくわしくしている言葉を、すべて書きぬきなさい。〈10点〉

くても売れることがわかってきました。また、遠い所から農産物を運んでくれば、お金やエネルギーなどがたくさんかかります。④ゆにゅう品にたよる食生活は、これから少しずつ見直されるでしょう。

5 「地産地消」は、省エネにもなるし、味が最もよい季節に、新せんなものを食べられます。農産物を作っている人の顔が見えて、買う側も安心です。国内産のものを買う人がふえれば、ねだんも下がるし、日本の農業が活発になります。こうして、「地産地消」という言葉は、「ちいきで生産されたものをそのちいきで消費すること」という意味になって、定着しました。

6 学校給食に地元でとれた食材を使おうという取り組みは、「地産地消」の一例です。⑤これは、子どもたちに地元でとれたものを食べてもらって、地元に親しんでもらおうというものです。

7 ⑥「地産地消」にはいいところがたくさんありますが、まだまだ外国産の農産物のゆにゅう量にはかないません。「地産地消」をもっと進めるには、国が農家をささえる仕組みが必要です。

(5) ――線④「ゆにゅう品にたよる食生活は、これから少しずつ見直されるでしょう。」と、主語・述語の関係が同じものを次から選んで、○をつけなさい。〔15点〕

ア（　）プールの水がとても冷たい。
イ（　）春は生き物が目覚める季節だ。
ウ（　）つららの先からしずくがたれる。

(6) ――線⑤「これ」は、何を指していますか。〔10点〕

（　　　　）

(7) ――線⑥「『地産地消』にはいいところがたくさんあります」とありますが、「地産地消」のいいところが具体的にのべられているのは、どの段落ですか。段落の番号を書きなさい。〔10点〕

（　　　　）

(8) この文章を大きく四つに分けるとすると、どのように分ければよいですか。次から選んで、○をつけなさい。〔15点〕

ア（　）1／2 3 4 5／6／7
イ（　）1／2 3／4 5 6／7
ウ（　）1 2／3 4／5 6／7

10 気持ちの変化やせいかくをつかもう

標準レベル

確かめよう 知っトク！ポイント 6ページ

答え 14ページ

学習した日　月　日

1 次の文章を読んで、問題に答えなさい。

きょうは、秋の大運動会でした。

さきえは、一年生のときからずっとリレーの選手です。一年生のときは三等でした。二年生のときは二等、だから、今年はぜったい一等になるんだとはりきっていたのに、①さきえのチームは四等でした。

練習のとき、さきえのチームはいつも一等だったのです。きょうだって、五年生の選手がバトンをおとしさえしなければ、一等になれたのです。

バトンをおとすなんて、まけたなんて、さきえはしばらくしんじられませんでした。

わきあがるはくしゅの中で、一等のチームはほこらしげなえがおで、かがやいていました。さきえは、バトンをおとした五年生の顔を見ました。

五年生の選手は、みんなといっしょにはくしゅしてい

(1) リレーが始まる前のさきえの気持ちに合うものを次から二つ選んで、○をつけなさい。

ア（　）もし、一等になれなかったらどうしよう。

イ（　）練習のとおりにすれば、きっと一等になれる。

ウ（　）何等でも、一生けんめいに走ればいい。

エ（　）ぜったいに一等になってみせる。

(2) ——線①「さきえのチームは四等でした」とありますが、さきえのチームが一等になれなかったのは、どんなことがあったからですか。

（　　　　　　　　　　　　）こと。

(3) ——線②「あんたのせいよ。」について、次の問題に答えなさい。

㋐ さきえがこうさけんだのは、相手のどんな様子にはらを立てたからですか。最もよいものを次から選んで、○をつけなさい。

ア（　）自分が悪いと思っていない様子。

イ（　）みんなと仲良くしている様子。

ウ（　）周りに合わせて無理に笑っている様子。

ました。

バトンをおとしたことなんか、わすれてしまったようなえがおに、さきえはとうとうさけんでしまったのです。

「②あんたのせいよ。なんでバトンなんかおとすの。」

くやしくて、かなしくて、さきえはなきだしてしまいそうでした。

五年生の子はおどろいて、まっ赤になってうつむいてしまいました。大つぶのなみだが、ポトポト、グラウンドのすなにおちました。

さきえは、はっとしました。整列している選手たちの、あきれたような、せめるようなまなざしにかこまれて、さきえはポツンとつっ立っていました。

（どうして、なんでそんな顔でわたしを見るの、あの人がいけないんだよ。）
さきえは心の中でこうぎしました。けれど、③にぎりしめたこぶしから、力がすっとぬけていきました。

〈五十嵐百合子『こわがりやのスーパーマン三年生』所収「風の子が」による〉

ⓘ 「あんたのせいよ。」と言われて、相手はどんな様子になりましたか。文章中の言葉を書きぬきなさい。

（　　　）になってうつむき、（　　　）を流した。

(4) ——線③「にぎりしめたこぶし」とありますが、ここからわかるさきえの気持ちとして、最もよいものを次から選んで、○をつけなさい。

ア（　）一等になれなかったのを、みんながさきえのせいにするので、悲しくなっている。

イ（　）みんながさきえの気持ちをわかってくれたので、ほっとしている。

ウ（　）みんながさきえの気持ちをわかってくれないことに、いら立っている。

ヒント 直前の、さきえの心の中の言葉などから考える。

(5) この文章からわかるさきえのせいかくとして、最もよいものを次から選んで、○をつけなさい。

ア（　）弱虫　イ（　）負けずぎらい
ウ（　）友だち思い

ヒント 一等になれなかったことを、とてもくやしがっている。

ハイレベル

深めよう

答え 14ページ

❶ 次の文章を読んで、問題に答えなさい。

わが家へむかう洋平の足どりは重かった。洋平には父親がいない。三歳のとき病気でなくなったので、父の顔さえよくおぼえていない。

ものごころついたころから、母は美容院ではたらいていた。2DKのせまいアパート暮らしだった。母はひとりっ子の洋平に、できるかぎりのことをしてくれた。いま乗っている自転車は、三年の進級祝いにもらったもので、三輪車をいれると、三台目になる。

やさしい母のことである。わけを話せば、サイクリング車を買ってもらえるかもしれない。しかし、新学期にはいってまもなく、テレビゲームのソフトを二つも買ってもらったばかりである。サイクリング車は安くはない。

①とてもいいだせそうにはなかった。

借りるとすれば、だれからだろう。近所の中学生の一郎さんにたのんでみようか。白い車体のかっこいい長距離用のサイクリング車だ。洋平はクラスの男子で二番目に背が高かったから、乗りこなせないことはない。でも、

である。

しかし、サイクリングに出かけることが決まったいま、③洋平は二つ返事で幸一の誘いにのったことをしきりに後悔していた。といって、気の弱い洋平には、いまになってことわる勇気はなかった。

〈砂田弘「洋平のサイクリング車」による〉

(1) ——線①「とてもいいだせそうにはなかった。」について、次の問題に答えなさい。

あ どんなことをいいだせそうにないのですか。

（　　　　）

い いいだせそうにないのは、なぜですか。最もよいものを次から選んで、○をつけなさい。

ア（　）母にお金のふたんをかけたくなかったから。

イ（　）母に以前から買えないといわれていたから。

ウ（　）同じ物をすでに買ってしまっていたから。

(2) ——線②「みんなでどこかへ遊びにいこうよ」について、次の問題に答えなさい。

あ だれと何をすることに決まりましたか。洋平といっしょにいく人物全員の名前と、することを書きなさい。

学習した日　月　日

いつかさわっただけでどなられたくらいだから、貸してくれるかどうか。

「連休に、②みんなでどこかへ遊びにいこうよ」

とつぜん、幸一から電話がかかってきたのは、四月なかばのある日のことである。

「みんなって？」

洋平が問いかえすと、

「きみと進と健太と、そしてぼく」

とっさに、幸一はこたえた。

二丁目の四人の五年生は、同じ幼稚園にかよい、いまも同じ小学校にかよっている。二年生くらいまでは、四人で連れだってよくあそんだものだが、いまでは登校するときもてんでんばらばらだし、学校でもめったに口をきかない。五年生になってから、四人そろってあそんだことも、まだ一度もなかった。

「ほかの三人は、オーケーなんだ」

「いいね。いこう、いこう」

胸がわくわくしているのがよくわかる。ひっこみ思案のせいもあって、親しい友だちがほとんどいない洋平は、このところ、ひとりですごすことがおおかった。だから、このような誘いがくるのをひそかに待ちのぞんでいたの

ア　人物の名前

（　　　　）

イ　すること

（　　　　）

(い)「遊びにいこうよ」といわれて、洋平はどんな気持ちになりましたか。その気持ちを表す言葉として、最もよいものを次から選んで、○をつけなさい。

ア（　）とまどい

イ（　）よろこび

ウ（　）あきらめ

(3) ――線③「洋平は二つ返事で幸一の誘いにのったことをしきりに後悔していた」とありますが、「後悔してい」るのは、なぜですか。

（　　　　）

(4) 洋平のせいかくがわかる言葉を、文章中から二つ書きぬきなさい。

（　　　　）

（　　　　）

11 場面分けをつかもう

標準レベル

確かめよう

答え 15ページ

1 「ぼくら」は、むかしから、源じいさんの家によく遊びにいっていました。ところが最近は、「ぼくら」だけでなく、町からの転校生もやってくるようになりました。この文章を読んで、問題に答えなさい。

秋も、終わりに近い、よく晴れた日のことでした。校庭の鉄ぼうが、ひんやりとしていました。

ぼくらは、そこへ、帰りおくれたツバメのようにならんで、源じいさんの家にたびたびやってくる同級生にいいました。

「おじいさんが、しごとができなくなるのがわからんのか。」

「きみたちだって、いってるじゃないか。」

その子は、あたりまえだといった顔つきで、いいかえしてきます。

「ぼくらは、むかしからいってるんだ。」

「それに、うちから、野菜をもっていくんだぞ。」

「町の子や、社宅の子は、ねだるだけじゃないか。」

源じいさんは、なたをふりあげると、勢いよく、竹をわりました。竹のはじける音が、ぼくたちの胸にひびきました。みんなは、口をむすんで、源じいさんの手先をみつめていました。

〈斎藤了一「源じいさんの竹とんぼ」による〉

知っトク！ポイント 6ページ

学習した日　月　日

(1) ――線①「呼びつけられた同級生」とありますが、「ぼくら」は、何のために呼びつけたのですか。

（　　　　　　　　）ということを言うため。

(2) ――線②「おどおど」とありますが、「ぼくら」が「おどおど」してしまったのは、なぜですか。最もよいものを次から選んで、○をつけなさい。

ア（　）町の子を呼びつけたことを、源じいさんに知られるかもしれないと、不安になったから。

イ（　）呼びつけた子がみんなに言いつけて、仕返しをされるかもしれないと、こわくなったから。

ウ（　）同級生が泣きだしそうになっているし、よけいなことを言いすぎて、心苦しくなったから。

たったひとりで①呼びつけられた同級生は、泣きだしそうになりました。

あまりききめがあったので、

「いいよ。帰ったら、みんなに、あまりいくなっていってくれ、いいな。」

ぼくらは、かえって、②おどおどしてしまいました。ほんのたまに、家の者にいいつけられたときしか持っていかなかったのにまるで、源じいさんのくらしのめんどうをみてやっていたみたいなことをいってしまってこうかいしました。

③だれも、おなじだったとみえて、しばらくのあいだ、みんなは、思い思いの野菜や花を、ぶらさげていきました。

「おう、おう、きたのう、ぼうずども。」

源じいさんは、竹をわっていた手をやすめて、いつものように、前をあけてくれました。

「このごろ、とんと、町の子がこねえが、竹とんぼは、すたってしまったのかのう。」

「④……。」

ぼくらは、顔を見合わせて、うつむきました。

「おじいさん、町の子は、気がかわりやすいんだよ。」

「そうかのう……。」

(3) ――線③「だれも、おなじだった」とありますが、どんなことが「おなじだった」のですか。文章中の言葉を書きぬきなさい。

前から源じいさんの（　　）をみていたような言い方をしたことを、（　　）していること。

(4) ――線④「……。」での、「ぼくら」の気持ちとして、最もよいものを次から選んで、○をつけなさい。

ア（　）源じいさんが「ぼくら」のことをかまってくれないので、さびしい気持ち。

イ（　）「ぼくら」のせいで町の子たちが来なくなったと源じいさんに言えず、苦しい気持ち。

ウ（　）町の子たちが来ないと、竹とんぼで遊べなくなることに気づき、つまらない気持ち。

ヒント「ぼくら」は、すぐに返事ができないでいる。

(5) この文章を大きく二つに分けるとすると、前半は22行目までになります。前半で、「ぼくら」はどこにいますか。

（　　）

ヒント 前半から、場所を表す言葉をさがす。

ハイレベル ✦✦✦ 深めよう

答え 15ページ

1 次の文章を読んで、問題に答えなさい。

「なあんだ。もう、帰るのかよう。」

その声にふりむくと、源じいさんは、ひざの竹くずをはらいながら、立ちあがっていました。

「ぼうずども、①こっちへこい。」

みんなは、おしだまって、源じいさんの後ろにつづきました。つれていかれたのは、鶏小屋の前でした。

「ほうら、見ろ。卵を生むぞ。」

五、六羽の鶏が、しきわらの上にしゃがんで、目をとじたりあけたりしていました。

ぼくらは、②いきをつめて、みつめました。

「さあて、楽しみは、あとだ。きょうは、なにを作ってやろうかのう。」

源じいさんは、また先にたって、ぼくらを、土間にさそい入れました。

「ぼうず、なにがいい？」

「そうだなあ……。竹でっぽう。」

「そりゃあ、③だめだ。やめとけ。」

←

からかもしれません。

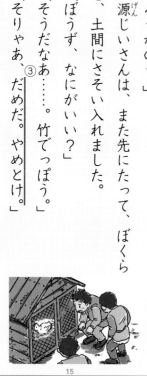

〈斎藤了一「源じいさんの竹とんぼ」による〉

(1) ——線①「こっちへこい」とありますが、源じいさんは、「ぼくら」に、何がどうするところを見せようとしていますか。十字以内で書きなさい。

(2) ——線②「いきをつめて、みつめました」とありますが、ここから、「ぼくら」のどんな様子がわかりますか。最もよいものを次から選んで、○をつけなさい。

ア（　）はあはあといきをしながらみつめる様子。
イ（　）ほっとしながらみつめる様子。
ウ（　）静かにじっとみつめる様子。

(3) ——線③「だめだ。やめとけ。」と、源じいさんが言ったのは、なぜですか。

（　　　　）

(4) ——線④「源じいさんの目が、とてもまぶしく感じられました。」とありますが、このときの「ぼくら」の気持ちとして、最もよいものを次から選んで、○をつけなさい。

学習した日　月　日

「どうして……。」

「あぶない、あぶない。町の子にけがでもさせたら、どうするのう。」

「……。」

ぼくらは、さっきとおなじように、顔を見合わせました。これでは、さっきのうそなんか、とうに見やぶられていたにちがいありません。④源じいさんの目が、とてもまぶしく感じられました。

「けんかするひまがあったら、ここへつれてこい。ぼうずらの十人分や二十人分の竹とんぼくらい、わけはないからのう。」

頭をたたかれたように、ぼくらは、うなだれてしまいました。

と、ケッケケッケケッケッ　ケッコー、ケッケケッケケッケッケッコー、けたたましい鶏のなき声がしました。

「そうら、もう、めそめそするのは、やめろ、やめろ。」

源じいさんの、かたくてあたたかい大きな手が、ぼくらの頭をなでてくれました。ぼくたちは、つみをゆるされたような気持ちになりました。

帰りみちのぼくらは、大はしゃぎでした。まっ白な、あたたかい卵が、ひとつずつ、みんなの手の中にあった

ア（　）うそをついていたことをはずかしく思っている。

イ（　）町の子をかわいがる源じいさんをうらんでいる。

ウ（　）みんなにやさしい源じいさんに感しゃしている。

(5) 「よりあとでの、「ぼくら」の気持ちの変化として、最もよいものを次から選んで、○をつけなさい。

ア（　）悲しんでいた「ぼくら」は、源じいさんの言葉でさらに落ちこんだが、やがて元気になり始めた。

イ（　）元気だった「ぼくら」は、ずっと楽しくすごしていたが、最後には落ちこんでしまった。

ウ（　）しゅんとしていた「ぼくら」は、元気を取りもどし、明るく楽しい気持ちになった。

(6) 源じいさんのやさしい人がらが最もよくわかる、源じいさんの様子や行動をのべた一文を文章中からさがして、初めの八字を書きぬきなさい。

(7) この文章を、場所の変化で大きく二つに分けるとすると、後半はどこからになりますか。後半の初めの三字を書きぬきなさい。

12 主題をつかもう

標準レベル

確かめよう

答え 16ページ

1 昔は、くすりやさんが薬箱を家に置いていき、毎月調べに来て、使った分だけお金をしはらうという仕組みがありました。この文章を読んで、問題に答えなさい。

「くすりやさんが来たよ」

姉ちゃんの声で、①母ちゃんの顔が曇った。しばらくたって、母ちゃんは、大きな溜息をついた。紙ふうせんをくれる人が来るのに困っているみたいだ。オラは、くすりやさんのくれる紙ふうせんが大好きだった。

「こんちは！」

大きな黒い風呂敷に包んだ荷物を背負った男が入ってきた。母ちゃんは、薬箱を取ってきて、くすりやさんの前に差し出した。くすりやさんは、みんなに紙ふうせんを渡して笑顔をふりまいた。妹は、それをもらって、姉ちゃんにふくらませてくれとねだる。姉ちゃんの顔も、母ちゃんみたいに曇っている。

くすりやさんは、うちの薬箱を調べて、書き込みをしんをついて喜んでいた。


〈笹山久三「幼年記 かがやく大気のなかで」による〉

(1) ——線①「母ちゃんの顔が曇った」のは、なぜですか。最もよいものを次から選んで、○をつけなさい。

ア（　）くすりやさんは感じが悪い人なので、会いたくなかったから。

イ（　）くすりやさんが来ると、子供たちが遊んでばかりで勉強しなくなるから。

ウ（　）くすりやさんに、使った分の薬の代金をはらうことができないから。

(2) ——線②「目が笑わない笑顔」とありますが、ここから、くすりやさんのどんな気持ちがわかりますか。最もよいものを次から選んで、○をつけなさい。

ヒント あとの部分の、「母ちゃん」がくすりやさんに言った言葉に注目。

ア（　）お金は必ずはらってもらうという強い決意。

イ（　）しはらいを待ってあげようか、というまよい。

ウ（　）なんてかわいそうな家族だろうというどうじょう。

(3) ——線③「くすりやさんは……行ってしまった。」について、次の問題に答えなさい。

知っトク！ポイント 6ページ

学習した日　月　日

ながら薬を足していく。

「あの……」

母ちゃんが、足されていく薬を見ながら、言いづらそうに声をかけた。くすりやさんが母ちゃんを見た。さっきの笑顔じゃなかった。

「お金が工面できんがですけんど、子供が多いもんで、使うだけは、いっぱいいっこうてしもうたがです」

くすりやさんの顔が少し変わった。オラは、くすりやさんを、じっと見ていた。困ったような、考えているような顔が笑顔に変わった。②目が笑わない笑顔だった。

「まだ、だいぶおりますもので、このへんを回り終えて発つときまでに用意してもらえますか……」

「ええ、それはもう……」

母ちゃんは、悪いことでもしたみたいな顔で言った。

くすりやさんがきらいになった。

③くすりやさんは、薬を詰め終えて、母ちゃんに紙のようなものを渡すと、せっせと荷造りをして行ってしまった。

母ちゃんは、渡された紙を見ていて、また、大きな溜息をついた。姉ちゃんも、兄ちゃんも母ちゃんと同じ顔をしている。妹だけが、ふくらませてもらった紙ふうせ

ⓐ くすりやさんが実さいに登場してきたのは、何行目からですか。行の番号を書きなさい。

（　　　）行目

ⓑ ⓐで答えたときと――線③とでは、くすりやさんに対する「オラ」の気持ちは、どのように変わっていますか。最もよいものを次から選んで、○をつけなさい。

ア（　）待ち遠しかった → 好きではなくなった

イ（　）関心がなかった → 気になり始めた

ウ（　）いい人だと思った → 大好きになった

ヒント 直前に「くすりやさんがきらいになった。」とある。

ⓒ ⓑで答えたように気持ちが変わったのは、なぜですか。

（　　　）から。

(4) この文章についての説明として、最もよいものを次から選んで、○をつけなさい。

ア（　）相手によってたい度を変えるくすりやさんと、それに気づかない妹を心配する「オラ」の話。

イ（　）苦しい生活の中でけんめいに子供を育てる母親と、それを手助けするくすりやさんの話。

ウ（　）くすりやさんにはらうお金がなくて苦しむ母親と、そんな母親の様子に心をいためる「オラ」の話。

ハイレベル

深めよう

答え16ページ

1 次の文章は、戦争で空しゅうにあったときの話です。この文章を読んで、問題に答えなさい。

町を焼く火が、くすのきの頭を、あかあかとてらしていました。

「①だいじょうぶだ。こんな町はずれまで、火事はひろがってきやしない。あんしんして、おやすみ。」

くすのきは、足もとでねむっている人たちを、じぶんが、守ってあげなければならない、というような、きもちでした。

「おや、きこえる。」

くすのきは、足もとで、ちいさなうたごえをきいたのです。②やさしい子もりうたです。

ぼうやをだいてうたっているのは、おさげのかみの女学生でした。

かあさんの名を、よびつづけるぼうやを、ほっておけなかったのです。

「かあ、ちゃん。」

「はいよ。」

金色にてらしました。

「まるで、生きてるようだったよ、ふたりとも――。」

子もりうたをききながら、ぼうやは、死んだのです。

ぼうやをだいたまま、くすのきによりかかったまま、ちいさなかあさんも死んでいました。

〈大野允子「かあさんのうた」による〉

(1) ――線①「だいじょうぶだ。」とありますが、このとき、くすのきはどんな気持ちになっていますか。

(　　　)

(2) ――線②「やさしい子もりうた」について、次の問題に答えなさい。

あ 子もりうたをうたっているのは、だれですか。

(　　　)

い あで答えた人物は、どんな気持ちから、子もりうたをうたい始めたのですか。

(　　　)

学習した日　月　日

「か、あ、ちゃ……。」

こえが、だんだん、よわっていきます。

まいごのぼうやは、顔じゅうひどいやけどで、目も見えないようでした。

「かあちゃんよ。ここに、かあちゃんが、いるよっ！」

女学生は、ぼうやを、しっかりとだきました。

③女学生の心は、かあさんの心になりました。

かあさんの胸に顔をうめて、ぼうやはもう、なんにもいえないのです。

かあさんは、くすのきによりかかって、ぼうやをだいて、子もりうたをうたいつづけました。

「いいうただ、うたっておやり！　ずうっと、ずうっと、こえのつづくかぎり、うたっておやり。ちいさな、やさしいかあさん！」

くすのきは胸がつまりました。

でも、うれしかったのです。

「……ぼうや、よかったな。かあさんに、だかれて……いいな。」

いいながらくすのきは、④からだをふるわせていました。

「かわいそうな、ちいさな親子……。」

やがて、朝がきて、日の光が、ちいさな親子のほおを、

---

(3) ――線③「女学生の心は、かあさんの心になりました。」とは、どのようなことを表していますか。最もよいものを次から選んで、○をつけなさい。

ア（　）母親のように、子もりうたを上手にうたえるようになったということ。

イ（　）本当の母親のように、ぼうやのことを思うようになったということ。

ウ（　）ぼうやの本当の母親が、女学生のところにやってきたということ。

(4) ――線④「からだをふるわせていました」とありますが、このとき、くすのきはどんな気持ちでしたか。

（　　　　　　）

(5) この文章で作者がうったえようとしていることとして、最もよいものを次から選んで、○をつけなさい。

ア（　）女学生がぼうやの母親になったように、こまったときには助け合うべきだということ。

イ（　）かあさんにだかれて死んだぼうやは、とても幸せだったということ。

ウ（　）女学生やちいさなぼうやをまきこんでしまうほど、戦争は悲さんだということ。

時間 20分　得点　　点　答え 17ページ　学習した日　月　日

1 次の文章を読んで、問題に答えなさい。

宿題を終えたユイが部屋から出てくると、リビングからパパとママの話し声が聞こえてきました。

「そりゃあ、いっしょにくらせば安心だけどな」

「ひとりぐらしだと、なにかあった時に心配でしょう。家のこともあるから、わたしたちがあちらに引っこしたほうがいいと思うの」

おばあちゃんといっしょにくらす？

①ユイにとっては、願ってもないことです。

「だが、あっちの家でくらすとなると、町がちがってくるから、ユイは小学校を転校することになるぞ」

パパの声に、ユイは耳をうたがいました。

学校を転校する？

おばあちゃんの家は、ここから歩いて十分で行けるところにあるのです。それなのに、そこに引っこすというだけで、転校することになるなんて……。

ユイの頭の中には、なかよしのマキちゃんやあすかちゃんの顔が思いうかびました。転校したら、みんなと

←

おばあちゃんのあたたかい笑顔を見て、ユイはむねが④しめつけられるような気持ちになりました。

〈加藤英津子『家族っていいね』所収「おかずが冷めないきょり」による〉

(1) ——線①「ユイにとっては、願ってもないことです。」とありますが、ここからユイのどのような気持ちがわかりますか。〔20点〕

（　　　　　　　　）

(2) ——線②「おばあちゃんの……反対だからね！」とありますが、ユイの考えが変わったのは、なぜですか。最もよいものを次から選んで、○をつけなさい。〔20点〕

ア（　）友達の家から遠くなるので、放課後いっしょに遊べなくなるから。

イ（　）おばあちゃんの家は近いので、引っこす必要はないと思ったから。

ウ（　）転校する必要があり、友達とはなればなれになってしまうから。

はなればなれになってしまいます。

「そんなのイヤ！」

気づくと、ユイはパパとママに向かって、大きな声でさけんでいました。

「転校なんてぜったいにイヤ！　②おばあちゃんの家に引っこすのは反対だからね！」

「いますぐじゃないのよ。だけど、おばあちゃんだって、いつまでもひとりではさみしいし、なにかあった時には、いっしょにくらしていたほうがいいでしょう。家族なんだもの」

ママがユイを落ち着かせようと立ち上がりました。その時、ユイはまどの向こうに立っている人物に気づいて、ハッとしました。

「おばあちゃん……」

まどの外にいたのはおばあちゃんでした。手には、ふろしき包みをかかえています。ユイがあれだけ大きな声を出したのです。おばあちゃんにも聞こえていたはずでした。③それなのに、おばあちゃんはいつもと同じように、ふろしきをひょいと持ちあげました。

「きょうは、ユイちゃんの好きな、れんこんのきんぴらを持ってきたよ」

---

(3)　――線③「それなのに、おばあちゃんはいつもと同じように、ふろしきをひょいと持ちあげました。」とありますが、ここからわかるおばあちゃんのせいかくとして最もよいものを次から選んで、○をつけなさい。〔20点〕

ア（　）ゆかい　　イ（　）やさしい

ウ（　）せっかち

(4)　――線④「むねがしめつけられるような気持ち」とありますが、具体的にどのような気持ちになったのですか。次の言葉に続けて、二十五字以内で書きなさい。〔20点〕

おばあちゃんの家に引っこしたくないと言ったことをおばあちゃんに聞かれてしまい、

(5)　この文章を大きく二つに分けるとすると、後半はどの段落からになりますか。初めの三字を書きぬきなさい。〔20点〕

13 話題と要点をつかもう

標準レベル

確かめよう　答え 18ページ

1 次の文章を読んで、問題に答えなさい。

1　春のはじめに野山にさきだすヤマザクラやコブシの花は、遠くからも目立ってよく見えます。

2　農家の人は①これらの木に「田打ちサクラ」とか「種まきサクラ」という名をつけています。花がさくと田畑をたがやしたり、種まきをはじめるからです。

3　春のなかごろには、②ツツジ、フジ、シャクナゲ、ウツギの花をたばねて竹ざおにさし、庭先や田畑に立てます。この行事は「天道花」とよばれ、春に田の神を空から地上にむかえる目印にしたものです。

4　稲の種まきが終わると、農家の人は田んぼの水口*にアヤメやコデマリの花などでアーチを作り、田の神をむかえます。この行事は③「水口祭り」「種まき祝い」などといい、秋の豊作のために田の神に力をつくしてもらう行事です。

(1) ――線①「これらの木に『田打ちサクラ』とか『種まきサクラ』という名をつけています」について、次の問題に答えなさい。

あ 「これら」とは、何を指していますか。文章中から書きぬきなさい。

（　　　　　）

い 「『田打ちサクラ』とか『種まきサクラ』という名」がつけられているのは、なぜですか。

（　　　　　）

(2) ――線②「ツツジ、フジ、シャクナゲ、ウツギの花をたばねて竹ざおにさし、庭先や田畑に立てます」とありますが、それは何のためですか。

（　　　　　）

ヒント 次の文の「この行事は……」のあとに注目する。

(3) ――線③「『水口祭り』『種まき祝い』」とありますが、これらはどのような行事ですか。文章中の言葉を書きぬき

知っトク！ポイント 6ページ

学習した日　月　日

5 人びとは自然の花ばかりでなく、人工の花もかざって、春の季節をいっそうにぎやかにします。

6 春になると、デパートや商店街で、紙やビニールで作ったサクラの花をよく見かけますね。［④］、春の祭りには＊花笠に花もようの晴れ着の人たちの踊りが町を＊ねります。

7 わが国の伝統芸術の能や歌舞伎も、春の舞台には花にちなんだ出し物が多いのです。

8 私たちの祖先は遠い昔から春に花のさくことで、秋の豊作を予想し、またうらなってきたのでした。

9 農業が近代化した今日でも、行事や祭りのなかには、⑤その気持ちがつたえられているのです。

〈芳賀日出男「日本の祭りと芸能」による〉

＊水口…水を引いたり出したりする口。
＊花笠…花などでかざった笠（頭にかぶるもの）。
＊ねる…行列を作って歩く。

なさい。

秋に豊作になることを願って、田んぼの水口に花の（　　）を作って、（　　）をむかえる行事。

(4) 6には、どんなことが書かれていますか。文章中の言葉を書きぬきなさい。

人びとが春の季節をいっそうにぎやかにするために、（　　）もかざることの例。

(5) ［④］に入る言葉を次から選んで、○をつけなさい。

ア（　）また　イ（　）だから　ウ（　）しかし

(6) ――線⑤「その気持ち」とは、どんな気持ちですか。最もよいものを次から選んで、○をつけなさい。

ア（　）春にさいた花を大切にして、自然のめぐみに感しゃする気持ち。
イ（　）春にさいた花の美しさをめでて、この先一年の幸せを願う気持ち。
ウ（　）春にさく花を、秋の豊作を予想させるものとして大切にする気持ち。

！ヒント 直前の8に書かれていることから読み取る。

ハイレベル 深めよう

答え 18ページ

1 次の文章を読んで、問題に答えなさい。

1 ①人の体は左右にだけ対称だ。上下や前後と違って、右半身と左半身は鏡に映したように、ほぼ同じに見える。対称になった理由はいくつかある。動物の体は左右対称であるほうが動きやすく、獲物を捕らえやすい。また、目や耳は左右に一つずつあることで、空間を立体的に感じることができる。ためしに片目をつぶってみよう。写真のように、風景に奥行きがあまり感じられなくなる。音も両耳で聞くから、出ている方向がわかるのだ。腎臓のような体に二つある器官は、万が一、事故や病気で片方を失っても、人はもう一方を使って生きのびられる。そんな利点があるのだ。

2 左右そっくりな人間の体。[②]、③よくよく見ると違っているところもある。たとえば顔だ。自分を正面から撮った写真を用意して、真ん中に鏡を立ててみよう。自分の右側の顔と、④それが映った鏡の像からできた顔は、

(1) ――線①「人の体は左右にだけ対称だ。」とありますが、それにはどんな利点がありますか。当てはまらないものを次から一つ選んで、○をつけなさい。

ア（　）左右対称のほうが動きやすく、獲物を捕らえやすいこと。

イ（　）目や耳が左右に一つずつあるために、空間を立体的に感じることができること。

ウ（　）音を片方の耳で聞いても、音の出ている方向がわかること。

エ（　）体に二つある器官は、片方を失ってももう一方を使って生きのびられること。

(2) [②]に入る言葉を次から選んで、○をつけなさい。

ア（　）でも　イ（　）つまり　ウ（　）だから

(3) ――線③「よくよく見ると違っているところ」の例としてどこを挙げていますか。2から書きぬきなさい。

（　　　　）

(4) ――線④「それ」とは、何ですか。文章中から七字で書きぬきなさい。

学習した日　月　日

見なれたふだんの顔とは違う。左側の顔についてもこれはいえる。

3 顔よりもずっと非対称なのが体のなかの内臓だ。心臓が左によっているのはよく知られる。心臓は右側が肺に血を送るポンプなのに対して、左側は全身に血を送る。だから⑤左が大きくなる。しかし、⑥そのおかげで肺は［あ］が三葉なのに、［い］は二葉と少ない。食べ物を消化する胃は左よりだが、肝臓は右にあり、大腸や小腸は体のなかをぐるぐると回っている。大腸は正面から見て右回りである。また、コンパクトにおさめられている小腸はのばすと七メートルにもなるが、そのおかげで人は食べ物からじっくりと栄養を吸収できる。たとえば魚類の腸は左右対称で、縦に数回まがっているだけだから、⑦それよりずっと効率がいい。人の内臓は進化によって左右非対称になったのだ。

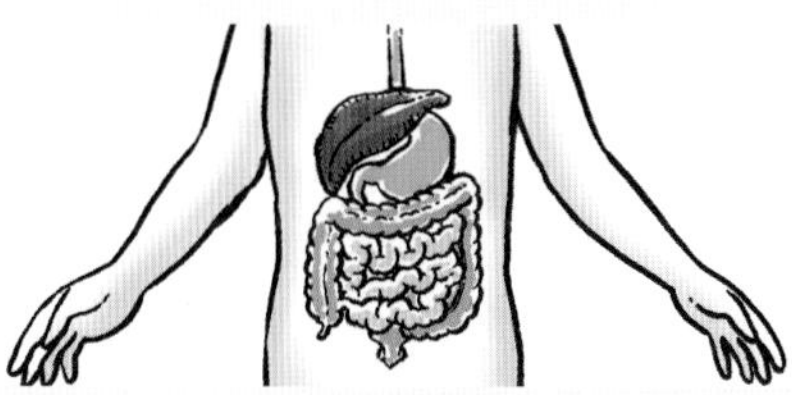

〈富永裕久「『右と左』の不思議がわかる絵事典」による〉

(5) ——線⑤「左が大きくなる」とありますが、心臓の左側が大きくなるのはなぜですか。心臓の右側と左側の、働きの違いがわかるように書きなさい。

(6) ——線⑥「そのおかげで肺は［あ］が三葉なのに、［い］は二葉と少ない」とありますが、［あ］、［い］には、「右」「左」のどちらが当てはまりますか。

あ［　］　い［　］

(7) ——線⑦「それよりずっと効率がいい」とありますが、人間の腸は、どんなことについて魚類の腸より効率がいいのですか。

(8) 3は、どんなことについて説明していますか。「……は、……ということ。」という形で書きなさい。

14 段落関係をつかもう

標準レベル　確かめよう

答え 19ページ

1 次の文章を読んで、問題に答えなさい。

1 四月も下旬になると、カモシカのすむ森にも、ようやく春がおとずれます。

2 谷底には、まだ深くつもった雪がのこっていますが、山のしゃ面は雪がほとんどとけて、茶色い地はだをみせています。

3 ①そんな地面のあちらこちらに、春の日ざしをうけて、みどり色のフキノトウが顔をだしています。かたい木のえだなど、かぎられた冬のたべものからくらべると、やわらかいフキノトウは、カモシカにとって、春一番のごちそうです。

4 ②このころ、おなじ森にすむ動物のうごきもだんだん活発になってきます。

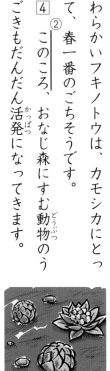

5 五月、カモシカのすむ森に、アカゲラの木をつつく音がこだますると、もうすっかり春です。冬のあいだ、寒さをさけて、里へくだったり、南方へわたっていた鳥

(1) ——線①「そんな地面」とは、どんなところですか。文章中から書きぬきなさい。

（　　　　）がとけて、（　　　　）をみせている、山のしゃ面。

(2) ——線②「このころ」とは、いつごろのことですか。次の□に当てはまる言葉を書きぬきなさい。

□□の□□ごろ。

(3) ③ に入る言葉を次から選んで、○をつけなさい。

ア（　）または
イ（　）そして
ウ（　）ところが

(4) ——線④「やわらかな草木の芽や葉は、カモシカにとって、このうえもないごちそうです。」とありますが、カモシカのごちそうとして、文章中にもう一つ挙げられているものを書きぬきなさい。

（　　　　）

知っトク！ポイント 6ページ

学習した日　月　日

たちも、もどってきます。[③]、小鳥たちのにぎやかなさえずり声が、森中にひびきわたります。

[6] このころの山には、若い木の芽や草の芽が、いっせいにふきでます。④やわらかな草木の芽や葉は、カモシカにとって、このうえもないごちそうです。

[7] カモシカは冬の栄養不足をおぎなうかのように、おなかいっぱいたべます。

[8] 森のみどりもすっかりこくなり、山は初夏をむかえます。森のあちらこちらから、動物たちの元気なうぶ声が、きこえてくるのもこのころです。

[9] そんなある日、⑤カモシカは、外敵の近づけない森のなかで、一頭の赤ちゃんをうみます。カモシカの赤ちゃんは、ほかの草食動物とおなじように、うまれて一～二時間もすると立ちあがり、やがて歩けるようになります。

[10] 赤ちゃんカモシカは、母親といっしょに森のなかで、約一か月ほどすごしたのち、みはらしのよいえさ場へでてきます。しかし、いつもそばに母親がついて、みまもっています。

〈宮崎学「ニホンカモシカ」による〉

(5) ――線⑤「カモシカは、外敵の近づけない森のなかで、一頭の赤ちゃんをうみます」とありますが、カモシカの赤ちゃんの成長を、次のように三点にまとめました。あ・いに当てはまる言葉を書きなさい。

・うまれて一～二時間すると立ちあがり、やがて歩く。

・森のなかで あ（　　　　）

・い（　　　　）へでてくる。

!ヒント 一つ目は[9]、二つ目と三つ目は[10]に書かれている。

(6) この文章を大きく三つに分けた次の表の、□に当てはまる段落の番号を書きなさい。

四月の森	[1] ～ □
五月の森	□ ～ □
初夏をむかえた森	□ ～ [10]

!ヒント 文章中の「四月」「五月」……という言葉に着目する。

ハイレベル ✦✦✦

答え 19ページ

1 次の文章を読んで、問題に答えなさい。

[1] 水がひやされると、水つぶが規則正しくならんでむすびつき、かたい氷の結晶ができます。雪の結晶も氷の結晶です。その姿が、六角形を基本にした規則正しい形をしているのは、それをつくるもとになった水つぶが、規則正しくならんでいるからです。

[2] ①水面に張った氷の場合は、雪の結晶のようにはみえませんが、それは、たくさんの結晶がびっしりと接しあってつまっているためです。一つ一つの結晶では、やはり水つぶが規則正しくならんでいます。

[3] 氷自体は、無色とう明です。②しかし、その中に空気がふくまれていたり、また、雪のように、表面の形が複雑で表面積の多い氷では、反射する光が多くなり、白くみえるようになります。

[4] 多くの物質は、ひやすとちぢんで体積がへります。ところが、水はセッ氏四度のときの体積が一番小さく、四度より水温が低いと、体積がぼう張します。そして、氷になると約十分の一だけ体積がふえます。重さがかわ

←

学習した日　月　日

(1) ——線①「水面に張った氷の場合は、雪の結晶のようにはみえません」とありますが、なぜですか。

（　　　　）

(2) [1]・[2]に書かれていることを、一文でまとめなさい。

（　　　　）

(3) ——線②「しかし」と同じ働きをするつなぎ言葉を次から選んで、○をつけなさい。

ア（　）なぜなら
イ（　）たとえば
ウ（　）けれども

(4) [3]は、氷の何について説明していますか。次の□に当てはまる言葉を、漢字一字で書きなさい。

氷の□

(5) ——線③「水だけがもつふしぎな性質」について、次の問題に答えなさい。

㋐ それはどのような性質ですか。最もよいものを次から選んで、○をつけなさい。

らないのに体積だけがふえるのですから、体積がふえた分だけ軽くなるわけです。氷が水にうくのはそのためです。

5 ふつうの液体は、固体になると体積がへって重くなりますが、水は、固体になると体積がふえて軽くなります。これは、③水だけがもつふしぎな性質です。

6 もし、氷が水よりも重くてしずむようなことがあったら、池や湖の氷は底の方にできて、そこにすむ生き物たちは、生きていけなくなることでしょう。

7 水たまりの氷は、一晩中ひえこんでも、あまり厚くなりません。これは、氷ができるには、水がひやされて、たくさんの熱が水からうばわれなければならないからです。池や湖では、表面にだけ氷ができ、その氷ができるときに多量の熱がだされます。そのため、氷の下の水温はあまり下がりません。

8 また、一度張った氷は熱を伝えにくいので、外の冷たい空気をさえぎり、水温の低下をふせぎます。こうして、氷は、水中の生き物をまもってくれます。

〈東海林明雄「氷の世界」による〉

ア（　）セッ氏四度のときに体積が一番小さくなる性質。

イ（　）固体になると体積がへって重くなる性質。

ウ（　）固体になると体積がふえて軽くなる性質。

ⓘ この性質がなかったとすると、池や湖ではどのようなことが起こりますか。

(6) 氷と熱との関係として、この文章に書かれていることと合うものを次から一つ選んで、○をつけなさい。

ア（　）氷は熱を伝えやすく、外のあたたかい空気を取り入れるので、水温の低下をふせぐことができる。

イ（　）氷ができるときにたくさんの熱が水からうばわれるので、水たまりの氷はあまり厚くならない。

ウ（　）氷が池や湖の表面にできるとき、たくさんの熱が外にだされるので、氷の下の水温は下がる。

(7) 4～8を大きく二つに分けるとすると、後半はどこからになりますか。段落の番号を書きなさい。

15 文章をまとめよう

標準レベル

答え 20ページ

1 次の文章を読んで、問題に答えなさい。

1 ふつう太陽とは、光球とよばれる、ぎらぎらとひかってみえる部分をいいます。しかしじっさいには、太陽は、①その外がわにもひろがっているのです。

2 すでにのべたように、太陽はガスのあつまりでできており、ガスの原子がおたがいにひきあう力によって、宇宙空間で球形にまとまったものです。このガスは、太陽の中心部ではひじょうにこく、外にむかうほどうすくなっていきます。

3 それではなぜ、光球の部分だけが、まるくひかってみえるのでしょうか。これは、光が、つぶ（粒子）の性質を持っていることと関係しています。

4 ここで、光の性質を②セロハン紙を例にとって説明してみましょう。

5 無色とうめいのセロハン紙をなんまいもかさねていくと、はじめはすきとおってみえていたのが、だんだん白っぽく不とうめいになり、ついには、むこうがわをみ

(1) ――線①「その外がわ」とは、何の外がわですか。二字で書きぬきなさい。

［　　］の外がわ。

(2) ――線②「セロハン紙を例にとって説明してみましょう」とありますが、光や太陽について、セロハン紙を例に挙げて説明しているのは、どこまでですか。段落の番号を書きなさい。

［　　］

ヒント 「セロハン紙」という言葉が出てくる段落に着目。

(3) ③ に入る言葉を次から選んで、○をつけなさい。

ア（　）あるいは
イ（　）たとえば
ウ（　）けれども

(4) ――線④「中心に大きなぼんやりとした光の円がみえる」とありますが、この光の円は何に当たりますか。最もよいものを次から選んで、○をつけなさい。

知っトク！ポイント 6ページ

学習した日　月　日

とおすことができなくなります。一まいのセロハン紙は、やってきた光のつぶをあまりはねかえさず、ほとんど通過させてしまいます。[③]、なんまいもかさねていくと、はねかえされる光のつぶも多くなるため、やがて、白っぽく不とうめいになってくるのです。

[6] さて、セロハン紙をもう少し太陽の状態に近づけてためしてみましょう。セロハン紙で少しずつ大きさのちがう円を十数まいつくり、中心をそろえてかさねます。このセロハン紙は、太陽のガスにあたります。

[7] かさねたセロハン紙に、うしろから懐中電燈の光をあててみます。光をだしている電球は、ちょくせつにはみえません。そのかわり、④中心に大きなぼんやりとした光の円がみえるはずです。しかし、⑤外がわのほうはセロハン紙のかさなりがうすいため、そのままむこうがわがすきとおってみえ、ひかりません。

[8] おなじように、太陽をつくっているガスも、ふつうの状態ではとうめいですが、あつく層になると、光のつぶをはじきかえしひかります。わたしたちがみる太陽の光球は、太陽の中心部で生まれた光が、ガスのこい部分ではじかれひかっているすがたなのです。

〈桜井邦朋「太陽のはなし」による〉

ア（　）太陽全体
イ（　）太陽の光球
ウ（　）太陽のマグマ

(5) ——線⑤「外がわのほうはセロハン紙のかさなりがうすいため、そのままむこうがわがすきとおってみえ、ひかりません」とは、太陽でいえば、どんなことに当たりますか。文章中の言葉を書きぬきなさい。

光球の外がわの（　　）は（　　）ため、とうめいでひからないこと。

(6) ＝線「それではなぜ、光球の部分だけが、まるくひかってみえるのでしょうか。」とありますが、その答えはどこに書かれていますか。段落の番号を書きなさい。

[　　]

ヒント セロハン紙の例のあと、話題が太陽にもどっている。

(7) わたしたちが太陽とよんでいる光球は、実は何のすがたなのですか。

（　　　　）すがた。

答え 20ページ

1 次の文章を読んで、問題に答えなさい。

[1] きものは、老人や特別な人たちをのぞいて、日常生活のなかで着ている人はほとんどいなくなってしまったが、きみたちだって、夏にゆかたぐらいは着たことがあるだろう。きもののことを知るために、①ゆかたの着方を思いだしてみよう。

[2] [②]、後ろからはおって、両袖に手を通す。ふだん着ているシャツやセーターのように、かぶって着ることはないね。[③]前をかき合わせるのだが、右側を上に重ねようとすると、「それは反対よ」と注意されて、左側を上に重ねなおしたこともあるだろう。前を重ね合わせても、ボタンやスナップやファスナーがついていないので、帯をしめて、かき合わせがはだけないようにしたね。小さい子だったら、ひもがぬいつけてあっただろう。

[3] ④洋服ときもののちがいは、しまい方にもあらわれる。スーツなどあらたまった洋服は、たいていハンガーにかけて、たんすのなかにつるしておかれる。しかしきものは、きちんとたいらにたたんでたんすの引きだしにしま

---

(1) ――線①「ゆかたの着方」として、最もよいものを次から選んで、○をつけなさい。

ア（　）後ろからはおって、両袖に手を通し、ボタンやスナップやファスナーを使ってとめる。

イ（　）シャツやセーターのように、かぶって着て、右側を上にして、前を重ね合わせて帯をしめる。

ウ（　）後ろからはおって、両袖に手を通し、左側を上にして、前を重ね合わせて帯をしめる。

(2) [②]・[③]に入る言葉をそれぞれ次から選んで、記号を書きなさい。

ア それから　イ なぜなら　ウ ところで　エ まず

② [　]　③ [　]

(3) ――線④「洋服ときもののちがいは、しまい方にもあらわれる。」について、次の問題に答えなさい。

あ きものはどのようにしてしまうのですか。

（　　　　）

い あで答えたようにきものをしまうのは、なぜですか。その理由が書かれた部分を文章中から二十字でさがして、初めと終わりの五字を書きぬきなさい。

学習した日　月　日

われる。これは、洋服が、厚みのあるからだにぴったり合うように、立体的につくられているのに対して、きものは、ゆとりをもって平面的につくられているからだ。

4 衣服をつくるために、皮や布などの材料を計画的に切ることを裁断とか裁ち合わせといっている。洋服の裁断は曲線が多く、幅の広い布地を使うが、きものは幅のせまい布地を使い、直線ばかりで、ほとんどくずがでないように裁ち合わせることができる。

5 だが、⑤いちばんのちがいは、洋服がたいてい上下にわかれていて、腰から下に着るもの（下衣）は、スカートかズボンだが、上に着るもの（上衣）には、筒型の袖がついているので、はたらきやすく、労働着の基本にかなっている。しかし、きものは、たいてい袖が大きく、しかもワンピースで、足腰をきっちり巻いて着て、たくさんのひもと、大きな帯をむすぶので、活動するのにはふべんな衣服だということである。

6 そこでいまでは、きものは、寝巻やくつろぎ着や外出着や晴れ着として着られ、活動をするための通学服や通勤服は、特別な場合以外はほとんど洋服というように使いわけられている。

〈津田妍子「きものの歴史」による〉

初め…［　　　　　］

終わり…［　　　　　］

(4) 4は、何について説明している段落ですか。最もよいものを次から選んで、○をつけなさい。

ア（　）洋服ときものの裁断のちがい

イ（　）きものの裁断の特ちょう

ウ（　）衣服の裁断の仕組み

(5) ——線⑤「いちばんのちがい」とは、どのようなちがいですか。5の言葉を使ってまとめなさい。

（　　　　　　　　）

(6) 6は、どんな役わりを果たしていますか。最もよいものを次から選んで、○をつけなさい。

ア（　）5について、具体例を挙げて説明する役わり。

イ（　）5とは反対の事がらを挙げて、説明する役わり。

ウ（　）5の結果となることを、説明する役わり。

(7) この文章では主に何について説明していますか。

（　　　　　　　　）

時間 20分　得点　　点　答え 21ページ

学習した日　　月　　日

1 次の文章を読んで、問題に答えなさい。

1 農作業は、草取りと病害と害虫とのたたかいです。米作りでいちばんの大敵は、イモチ病で、カビの一種による病気です。農薬のない時代は、①この被害にあって、米が凶作になることがありました。

2 また、作物は、天候の変化によって、よく育ったり、育たなかったりします。雨の日が多かったり、気温が低かったりすると、病気になったり、害虫がついたりします。

3 農薬は、このような被害から作物を守っているといえます。そして、作物を安定して収穫できるのです。

4 農薬には、農作物につく害虫を殺す殺虫剤、農作物に細菌がつかないようにする殺菌剤、雑草が生えるのをおさえてからしてしまう除草剤、農作物の発芽や生育などを進めたり、おさえたりするはたらきをする植物成長調整剤などがあります。このように農薬には、ありがたくていい点もありますが、問題点も多いのです。

5 農薬は、イネや野菜につく病原菌や害虫を殺したり、雑草をからしたりします。しかし、同時に、害虫ではな

(1) ——線①「この被害」とは、何の被害ですか。「……の被害。」に続くように、文章中から四字で書きぬきなさい。〔10点〕

□□□□の被害。

(2) ——線②「農薬によって土が悪くなる」とありますが、なぜですか。三十字以内で書きなさい。〔20点〕

(3) ——線③「また農薬が必要になり」について、次の問題に答えなさい。

あ 「また農薬が必要にな」るのは、どんなことをするからですか。〔10点〕

土の中に養分をおぎなおうとして、（　　　）こと。

い昆虫や、よい土をつくる微生物、ミミズやモグラなども殺してしまいます。土の中の生物が死んでしまうと、土がどんどん悪くなり、死んでしまいます。

6 ②農薬によって土が悪くなると、化学肥料で土の中に養分をおぎなってやらなければなりません。

7 ところが、化学肥料を使いすぎると作物に吸収されない肥料が土の中に残って、どんどんたまってしまいます。すると、根から水や養分が吸収できにくくなり、作物が元気をなくして、虫の害や病気にかかりやすくなります。

8 そうなると、③また農薬が必要になり、悪じゅんかんをくり返すことになるのです。

9 農作物は植物ですから、根から土の中の養分を吸収します。この時、農薬も植物の中にとり入れてしまいます。その農薬は、米や野菜に残ってしまうのです。法律によって、ある基準以上の農薬は残してはいけないということが決められていますが、わたしたちのからだの中に入ると有害なので、少しでもなくなるほうが望ましいといえます。

〈佐島群巳監修・金子美智雄指導 ㈲ヴィップス出版「食べ物を安全にしよう」による〉

い あで答えたことの結果として、どんなことが起こるのですか。 一つ10〔30点〕

（　　　　）が土の中にたまり、

根から（　　　　）を吸収できにくくなり、

作物が元気をなくして、

（　　　　）こと。

(4) 9では、どんなことについて説明していますか。最もよいものを次から選んで、○をつけなさい。〔15点〕

ア（　）農作物は、根から養分を吸収するということ。

イ（　）農作物に残る農薬は、人間には有害だということ。

ウ（　）農薬の中には、有害なものがあるということ。

(5) この文章を大きく四つに分けるとすると、どのように分ければよいですか。最もよいものを次から選んで、○をつけなさい。〔15点〕

ア（　）1 2／3／4／5 6 7 8 9

イ（　）1 2 3／4 5 6 7／8／9

ウ（　）1 2 3／4／5 6 7 8／9

16 表現のくふう

標準レベル　確かめよう

答え 22ページ

1 次の詩を読んで、問題に答えなさい。

デンデンムシ

永田喜久男

ゆっくり　ゆっくり
ゆっくり　ゆっくり
背中に
①蚊取り線香を　背負って
たった　ひとりで
ひろい　庭石を　わたっていきます

ゆっくり　ゆっくり
ゆっくり　ゆっくり
どんな　夢でしょうか
背中に　見えない灯を　ともし
うずをまきながら　②ひろがっているのは

(1) ――線①「蚊取り線香」とは、何をたとえた表現ですか。

デンデンムシの（　　　　）。

(2) ――線②「ひろがっているのは」のあとに続く言葉を、詩の中から一行で書きぬきなさい。

（　　　　　　　　）

ヒント 言葉のじゅんじょが入れかわっている。

(3) この詩の説明として合うものを二つ選んで、○をつけなさい。

ア（　）大きく二つのまとまりに分けられる。
イ（　）大きく四つのまとまりに分けられる。
ウ（　）行の終わりの言葉をそろえている。
エ（　）同じ言葉がくり返されている。

(4) この詩から感じられることとして最もよいものを次から選んで、○をつけなさい。

ア（　）デンデンムシの動きをじれったく感じている。
イ（　）デンデンムシを不思議な生き物だと思っている。
ウ（　）デンデンムシを温かいまなざしで見つめている。

知っトク!ポイント 7ページ

学習した日　月　日

2 次の詩を読んで、問題に答えなさい。

はだかんぼうの木

本郷健一

はだかんぼうの　木のえだに
すずめと　もずが　とんで来て
①この木のやさしい　実になった

はだかんぼうの　木のえだに
からすもはとも　とんで来て
②この木のやさしい　葉になった

はだかんぼうの　木のえだに
木枯らし　吹いても　そのままで
みんななかよく　とまってた

(1) この詩にえがかれている季節を次から選んで、○をつけなさい。

ア（　）春　イ（　）夏　ウ（　）冬

ヒント 詩のないようと「はだかんぼうの木」という題名に注目する。

(2) ――線①「この木のやさしい　実になった」とは、どういうことですか。

木にとまった（　　　）や（　　　）が、まるで木の（　　　）のようだということ。

(3) ――線②「この木のやさしい　葉になった」とありますが、何が「葉になった」のですか。二つ書きぬきなさい。

（　　　）（　　　）

(4) 作者はこの詩で何をえがきたかったのですか。当てはまらないものを次から選んで、○をつけなさい。

ア（　）きびしい寒さの中で身をよせ合う鳥たちのすがた。

イ（　）あらゆる生き物たちを苦しめる自然のきびしさ。

ウ（　）鳥たちを広い心で受け入れる木のやさしさ。

ヒント 最後の連のないようから考える。

ハイレベル ✦✦✦ 深めよう

答え22ページ

1 次の詩を読んで、問題に答えなさい。

ことば

林佐知子

①ちく！
②針
それとも　ガラスのかけら
いいえ　ことばです
いまのそのことばが
痛いのです
③刺したあなたは
気づいていないでしょうか

(1) ――線①「ちく！」とありますが、これは何を表していますか。

だれかが言った（　　　）が、心を（　　　）様子。

(2) ――線②「針／それとも　ガラスのかけら」について、次の問題に答えなさい。

あ これはどのようなものの例ですか。最もよいものを次から選んで、○をつけなさい。

ア（　）人にけがをさせるもの。
イ（　）きらきらしてきれいなもの。
ウ（　）さわったらこわれるもの。

い これと同じような意味をもつものを次から選んで、○をつけなさい。

ア（　）スプーン
イ（　）葉っぱ
ウ（　）とげ

(3) ――線③「気づいていないでしょうか」とありますが、ここには作者のどのような思いがこめられていますか。「気づく」という言葉を使って、十五字以内で書きなさい。（「気づく」は形を変えてもかまいません。）

学習した日　月　日

郵 便 は が き

おそれいりますが，切手をおはりください。

1418426

東京都品川区西五反田２－11－８
（株）文理

「トクとトクイになる！
小学ハイレベルワーク」
アンケート 係

ご住所	〒 都道府県 市区郡 電話 － －		
お名前	フリガナ	男・女	学年 年
お買上げ月	年 月	学習塾に	□通っている □通っていない
スマートフォンを	□持っている □持っていない		

＊ご住所は町名・番地までお書きください。

✂はがきで送られる方はここを切り取ってください。

「トクとトクイになる！ 小学ハイレベルワーク」をお買い上げいただき，ありがとうございました。今後のよりよい本づくりのため，裏にありますアンケートにお答えください。

アンケートにご協力くださった方の中から，抽選で（年２回），**図書カード 1000 円分**をさしあげます。（当選者の発表は賞品の発送をもってかえさせていただきます。）なお，このアンケートで得た情報は，ほかのことには使用いたしません。

《はがきで送られる方》

① 左のはがきの下のらんに，お名前など必要事項をお書きください。
② 裏にあるアンケートの回答を，右にある回答記入らんにお書きください。
③ 点線にそってはがきを切り離し，お手数ですが，左上に切手をはって，ポストに投函してください。

《インターネットで送られる方》

文理のホームページよりアンケートのページにお進みいただき，ご回答ください。

https://portal.bunri.jp/questionnaire.html

アンケート

●次のアンケートにお答えください。回答は右のらんにあてはまる□をぬってください。

[1] 今回お買い上げになった教科は何ですか。
①国語　②算数　③理科　④社会

[2] 今回お買い上げになった学年は何ですか。
①1年　②2年　③3年
④4年　⑤5年　⑥6年
⑦1・2年(理科と社会)　⑧3・4年(理科と社会)

[3] この本をお選びになったのはどなたですか。
①お子様　②保護者様　③その他

[4] この本を選ばれた決め手は何ですか。(複数可)
①内容・レベルがちょうどよいので。
②カラーで見やすく，わかりやすいので。
③「答えと考え方」がくわしいので。
④中学受験を考えているので。
⑤自動採点 CBT がついているので。
⑥付録がついているので。
⑦知り合いにすすめられたので。
⑧書店やネットなどですすめられていたので。
⑨その他

[5] どのような使い方をされていますか。(複数可)
①お子様が一人で使用
②保護者様とごいっしょに使用
③答え合わせだけ，保護者様とごいっしょに使用
④その他

[6] 内容はいかがでしたか。
①わかりやすい　②ややわかりにくい
③わかりにくい　④その他

[7] 問題の量はいかがでしたか。
①ちょうどよい　②多い　③少ない

[8] 問題のレベルはいかがでしたか。
①ちょうどよい　②難しい　③やさしい

[9] ページ数はいかがでしたか。
①ちょうどよい　②多い　③少ない

[10] 表紙デザインはいかがでしたか。
①よい　②ふつう　③よくない

[11] 別冊の「答えと考え方」はいかがでしたか。
①ちょうどよい　②もっとくわしく
③もっと簡単でよい　④その他

[12] 付属の自動採点 CBT はいかがでしたか。
①役に立つ　②役に立たない
③使用していない

[13] 役に立った付録は何ですか。(複数可)
①しあげのテスト（理科と社会の1・2年をのぞく）
②問題シール（理科と社会の1・2年）
③WEB でもっと解説（算数のみ）

[14] 学習記録アプリ［まなサポ］はいかがですか。
①役に立つ　②役に立たない　③使用していない

[15] 文理の問題集で，使用したことのあるものがあれば教えてください。(複数可)
①小学教科書ワーク
②小学教科書ドリル
③小学教科書ガイド
④できる!! がふえる♪ドリル
⑤トップクラス問題集
⑥全科まとめて
⑦ハイレベル算数ドリル
⑧その他

[16]「トクとトクイになる！ 小学ハイレベルワーク」シリーズに追加発行してほしい学年・分野・教科などがありましたら，教えてください。

[17] この本について，ご感想やご意見・ご要望がありましたら，教えてください。

[18] この本の他に，お使いになっている参考書や問題集がございましたら，教えてください。また，どんな点がよかったかも教えてください。

アンケートの回答：記入らん

[1] □①　□②　□③　□④
[2] □①　□②　□③　□④　□⑤　□⑥　□⑦　□⑧
[3] □①　□②　□③(　　　)
[4] □①　□②　□③　□④　□⑤　□⑥　□⑦　□⑧　□⑨(　　　)
[5] □①　□②　□③　□④(　　　)
[6] □①　□②　□③　□④(　　　)
[7] □①　□②　□③
[8] □①　□②　□③
[9] □①　□②　□③
[10] □①　□②　□③
[11] □①　□②　□③　□④(　　　)
[12] □①　□②　□③
[13] □①　□②　□③
[14] □①　□②　□③
[15] □①　□②　□③　□④　□⑤　□⑥　□⑦　□⑧(　　　)
[16]
[17]
[18]

ご協力ありがとうございました。トクトク小学ハイレベルワーク

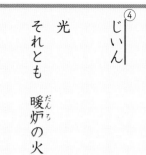

④じいん
光
それとも　暖炉の火
いいえ　ことばです
いまのそのことばが
あたためるのです
ふと口にしたあなたは
気づいていないでしょうが

---

(4) ——線④「じいん」とありますが、これは何を表していますか。

人に何かを言われて、心が（　　　　）様子。

(5) この詩を大きく二つに分けるとすると、後半はどこからになりますか。後半の初めの三字を書きぬきなさい。

(6) 作者はこの詩で何を言いたかったのですか。最もよいものを次から選んで、○をつけなさい。

ア（　）本当はそう思っていないことでも、相手との関係を悪くしないために、言わなければいけない。

イ（　）ことばは人をきずつけることも感動させることもできるということをりかいして使ってほしい。

ウ（　）人の気持ちは変わるので、相手がどんなことを言ってほしがっているのか気づかなければいけない。

時間 20分　得点　　点　答え 23ページ

学習した日　　月　　日

1 次の詩を読んで、問題に答えなさい。

すすき

浜野木碧

風の命ずるままに
息使いを 合わせて
①細い首を しならせる
すすきの 穂たち

その ひとむらに
なりたくて

そのけしきの 一片に
なって しまいたくて
②すすきの中に 立ってみる

③ほら きたよ
つぎの風の そよぎが

---

(1) この詩はいくつの連から成っていますか。漢数字で答えなさい。〔10点〕

□連

(2) ——線①「細い首を しならせる」とありますが、何を何にたとえているのですか。一つ5〔10点〕

（　　　）の穂を人間の（　　　）にたとえている。

(3) ——線②「すすきの中に 立ってみる」とありますが、それはなぜですか。最もよいものを次から選んで、○をつけなさい。〔10点〕

ア（　）すすきがどんな音をたてるのか知りたかったから。
イ（　）自分もすすきの景色の一部になりたかったから。
ウ（　）すすきに自分のすがたをかくしてほしかったから。

(4) ——線③「ほら きたよ／つぎの風の そよぎが」、④「靴を ぬいで／目を とじて」とありますが、この部分の表現のくふうを次から一つずつ選んで、記号を書きなさい。一つ15〔30点〕

④靴を　ぬいで
目を　とじて
いっしょに　ゆれる

からっぽの　心に
すすきが　一本
まっすぐに　入ってきて

⑤わたしは
少しだけ
強くなれる

ア　組み立てがよくにた表現をならべている。
イ　人でないものを人にたとえている。
ウ　同じ言葉をくり返している。
エ　言葉のじゅんじょを入れかえている。

③［　　］　④［　　］

(5)　――線⑤「わたしは／少しだけ／強くなれる」とありますが、それはなぜですか。最もよいものを次から選んで、○をつけなさい。〔20点〕

ア（　）すすきの中にまじっても、自分のままでいられたので、どんなときでも自分らしくいられるくらい強くなれると思ったから。

イ（　）すすきが自分を受け入れてくれたので、たくさんの仲間がいつでも自分を助けてくれたら、強くなれると思ったから。

ウ（　）自分の心にすすきが一本入ってきたので、すすきのように、風にふかれても折れないくらい強くなれると思ったから。

(6)　この詩から、「わたし」のどのような気持ちがわかりますか。五字以内で書きなさい。〔20点〕

すすきに［　　　　　］気持ち。

17 物語文

標準レベル

答え 24ページ

学習した日　月　日

1 次の文章を読んで、問題に答えなさい。

「きみたち、さわってみるかい？ ①今年生まれた子ワニだよ」

飼育係のおじさんが、笑ってぼくらを見た。

「かまない？」

田畑くんが聞いた。

「だいじょうぶだよ。おじさんがおさえているから」

おじさんはちびワニの口をおさえた。

②田畑くんが、ワニのせなかにぱっとさわった。

「わあ、おれ、ワニにさわっちゃったよ」

田畑くんは、さわった手をブルルッとふった。山下くんもさわった。

「おれもー」

山下くんは、さわった手を田畑くんとタッチした。そして、③ふたりはぼくを見た。

顔がひきつるのがわかった。こわかった。もしも、お

(1) ――線①「今年生まれた子ワニ」の、次のあ・いの部分は、さわるとどんな感触がしましたか。文章中から、それぞれ十字以内で書きぬきなさい。

あ　わき腹

い　せなか

ヒント 「……感触」という言葉に着目する。

(2) ――線②「田畑くんが、ワニのせなかにぱっとさわった。」とありますが、田畑くんはどのようにワニにさわったのですか。最もよいものを次から選んで、○をつけなさい。

ア（　）ゆっくりと、ワニの感触がよくわかるように。

イ（　）こわごわと、一しゅんだけワニにふれるように。

ウ（　）そっと、ワニのきげんをそこねないように。

(3) ――線③「ふたりはぼくを見た」とありますが、このときの田畑くんと山下くんの気持ちとして、最もよいものを次から選んで、○をつけなさい。

じさんが手をはなしたら……。そのすきに、かみつくかもしれない。

「ほら、さわってみろよ」

④「さわれよ。ミツル」

田畑くんと山下くんが、ぼくのせなかをドンとおした。つんのめりそうになって、ぼくはあわてて、ワニの台に両手をついてしまった。指の先が、ワニのわき腹にさわった。

⑤はっとした。やわらかかったのだ。ぷよぷよっていう感触。

「おとなになると、よろいを着たみたいにかたくなるけど、こいつ、まだ子ワニだからね」

おじさんは、すぐに手をひっこめたぼくに笑いかけた。それから、すごく小さい声で言ったんだ。

「だいじょうぶだよ。せなかもさわってごらん。手のひらぜんたいで。ねがいをかなえてくれるよ」

って。

びっくりして、ぼくは、おじさんを見た。おじさんはうなずいて、ちびワニの口をしっかりおさえてくれていた。

⑥ぼくは、ちびワニのせなかにそっと手を置いた。手の

ア（　）ミツルとはタッチしたくない。

イ（　）ミツルもワニをさわってみろよ。

ウ（　）ミツルがワニにかまれたらどうしよう。

(4) ――線④「さわれよ。ミツル」とありますが、ワニにさわる前、ミツルはどんな気持ちでいましたか。

（　　　　　　　　）

(5) ――線⑤「はっと」とありますが、「はっと」のここでの意味と同じ意味を表す言葉を、このページの文章中から、四字で書きぬきなさい。

□□□□

(6) ――線⑥「ぼくは、ちびワニのせなかにそっと手を置いた。」とありますが、ミツルがワニのせなかをさわってみる気になったのは、なぜですか。

（　　　　　　　　）

ヒント おじさんの言葉を聞いて、気持ちが変わっている。

ひらぜんたいにゴツゴツした感触がつたわってきた。くすぐったいような、痛いような。手をひっこめたいのをがまんして目をつぶった。そして、ちびワニにねがったんだ。

ぼくに勇気が出ますように！

目を開けると、⑦田畑くんと山下くんがびっくりしたようにぼくを見ていた。

月曜日の体育の時間。ぼくははじめて、とび箱の五段をとんだ。とび箱に向かって走りだすときに、

（ワニのせなかをさわったんだぞ。とび箱なんて、かるい、かるい）

って、心の中で言ったんだ。そして、⑧おもいっきりとんだら、とべた。

田畑くんと山下くんが、「ミツル、やったじゃん」って、祝福のハイタッチをしてくれた。ゾクゾクするほどうれしかった。

⑨国語の時間。ぼくははじめて手をあげた。

シオリ先生が、「だれに読んでもらおうかな」って言ったとき、ぼくはまっ先に手をあげた。ものすごくドキド

(7) ――線⑦「田畑くんと山下くんがびっくりしたようにぼくを見ていた」とありますが、なぜですか。最もよいものを次から選んで、○をつけなさい。

ア（　）ワニのせなかをさわりながら、ミツルがまるで関係のないことを口に出して言ったから。

イ（　）飼育係のおじさんが、ミツルにだけ特別なことを教えていたと気がついたから。

ウ（　）自分たちが少ししかさわれなかったワニのせなかを、気の弱いミツルがしっかりさわったから。

(8) ――線⑧「おもいっきりとんだら、とべた」とありますが、ミツルがとび箱をとべたのは、なぜですか。「勇気」という言葉を使って、四十字以内で書きなさい。

！ヒント 「ぼく」に「勇気」が出たのはなぜか考える。

キしたけど、

（ワニのせなか、ワニのせなか）

って、心の中でとなえたら、すっと手があがったんだ。

先生がびっくりしたようにぼくを見て、

「はい、森田くん」

と言った。クラスじゅうの目がぼくに注目。ぼくはイスをがたがたさせて立ちあがった。足がふるえてきた。でも……。

（ワニのせなか、ワニのせなか）

すると足のふるえがとまって、ぼくは、はじめから終わりまではっきりと読めたんだ。

「ミツルくん、朗読、じょうずなんだねえ」

となりの席の鈴木アキちゃんが、びっくりしたようにささやいた。

ぼくは、スキップでうちに帰った。

そうだよ。ワニは恐竜時代からいたのだ。恐竜は絶滅してしまったけど、ワニはほとんど姿も変えないで、いまも残っているんだもの。

そんな力があるんだ、きっと。


〈山末やすえ「おねがいちびワニ」による〉

---

(9) ――線⑨「国語の時間。」について、次の問題に答えなさい。

㋐ 国語の時間にうまくできたことは、何ですか。文章中から書きぬきなさい。

（　　　　）

㋑ ミツルが㋐で答えたことをうまくできてよろこんでいることは、ミツルのどんな行動からわかりますか。それが書かれた一文を、文章中から書きぬきなさい。

（　　　　）

(10) この文章では、どんなことがえがかれていますか。最もよいものを次から選んで、○をつけなさい。

ア（　）恐竜時代から絶滅せずに生き残ってきたワニには、ふしぎな力があるということ。

イ（　）どんなことでも、ちょうせんしてみればうまくできるようになるものだということ。

ウ（　）ふとしたきっかけで、人は自分を変えることができるものだということ。

！ヒント 「ぼく」の気持ちや行動は、ワニをさわったあとで変化している。

答え 25ページ

① 奈保子は、おこってばかりいるおじいちゃんがこわくてたまりません。この文章を読んで、問題に答えなさい。

　数日がすぎ、いよいよ①北海道に行かなければいけない日がやってきました。電車を乗りつぎ、クジラのように大きな飛行機に乗りました。弟たちはキャッキャとよろこんでいましたが、わたしはそれどころではありません。どうしたらおじいちゃんにおこられないですむか、そんなことばかりをかんがえていました。

　しかし、かなしいことに、その年もわたしはおじいちゃんにしかられてばかりだったのです。べそべそないてばかりいるわたしに、お母さんは「おじいちゃんは奈保子のことがかわいいからちょっかいをかけているのよ」となぐさめてくれましたが、わたしにはそんなことを信じることはできません。はやくはやくときがすぎて東京に帰りたい、そしておじいちゃんの顔なんていっしょう見たくない、とかんがえていました。わたしが一日で安心できたのは、朝おじいちゃんがさんぽにでかける数十分だけでした。

(1) ——線①「北海道に行かなければいけない」について、次の問題に答えなさい。

あ 北海道に行くことについて、奈保子はどんな気持ちになっていますか。最もよいものを次から選んで、○をつけなさい。

ア（　）今度はおじいちゃんにおこられずに楽しくすごせるのではないかと、期待する気持ち。

イ（　）今度こそおじいちゃんに好かれるようにがんばろうと、はりきる気持ち。

ウ（　）またおじいちゃんにおこられるのではないかと、ゆううつな気持ち。

い 北海道に着いてから、奈保子はどんな様子ですごしていますか。「……様子。」につながるように、文章中から十二字で書きぬきなさい。

□□□□□□□□□□□□様子。

う 奈保子が、いで答えたような様子ですごしているのは、なぜですか。

学習した日　月　日

一週間後、まちにまった東京へ帰る日が来ました。お母さんたちと荷づくりをしているとき、わたしの頭にひとつの作戦が思いうかびました。②さんざんわたしをしかったしかえしに、さいごになにかイタズラをしてやれ、と思ったのです。わたしはそこいらじゅうをひっかきまわして、ボタンやすずやガラクタをとりだしました。そしてそれらをあつめると、毎朝おじいちゃんがさんぽのときかならずかぶっていくぼうしにぬいつけはじめたのです。イタズラされたおじいちゃんのぼうしはすずが五つ、バッジが三つ、赤いボタンが八個もくっついていて、とてもへんてこです。わたしはそのへんてこぶりに大きく満足し、こっそりとぼうしをもとあった場所にもどすと、そのまま車に乗り、東京へ帰ってしまったのでした。

四年後の夏、ふたたび北海道へ行くことになりました。わたしは中学生になっていました。四年ぶりに会ったおじいちゃんは、髪もぬけおち、病気がちで一日中よこになってばかりです。もちろん、以前のように元気にわたしをおこったりもしません。［③］から［④］へかわってしまったようでした。わたしはおこらないおじいちゃんにすこし調子がくるってしまって、ふしぎとさびしくなってしまいました。

(2) ――線②「さんざんわたしをしかったしかえしに、さいごになにかイタズラをしてやれ」について、次の問題に答えなさい。

あ 奈保子は、何をしましたか。

（　　　　）

い あで答えたことをして、奈保子はどんな気持ちになりましたか。その気持ちを表す言葉を、文章中から二字で書きぬきなさい。

［　　］

(3) ［③］・［④］に入る言葉として、最もよいものをそれぞれ次から選んで、記号を書きなさい。

ア 若者　イ 大人　ウ 仏　エ 鬼　オ 老人

③（　　）　④（　　）

体力づくりのために、毎朝のおじいちゃんのさんぽはまだつづいていました。その日も、おじいちゃんはゆっくりとげんかんにむかうと、いつものようにくつをはき、いつもかぶるぼうしを頭にのせ戸をあけました。そのとき、わたしの耳に⑤「チリン」という小さな音がはいってきたのです。みょうに思って耳をすますと、その音はおじいちゃんがあるくたびに「チリンチリンチリン」と鳴っているのです。わたしはおじいちゃんとともにとおざかっていくその音が、いったいなんなのかわかりませんでした。

数十分後、さんぽから帰ってきたおじいちゃんを見て、わたしはその音の正体を知りました。おじいちゃんはすずが五つとバッジが三つ、赤いボタンが八個(はちこ)もついたへんてこなぼうしをかぶっていたのです。それはまさに四年前、わたしがイタズラをしたぼうしでした。わたしはおどろいておじいちゃんに聞きました。「どうしてそんなぼうしをかぶってるの?」おじいちゃんはハッとしてぼうしをとると、てれくさそうに「うるさい」といい、部屋(へや)にもどってしまいました。おどろいているわたしに、台所(だいどころ)にいたおばあちゃんがエプロンで手をふきながらいいました。「おじいちゃんはね、どんなものでも奈保子(なおこ)

(4) ――線⑤「『チリン』という小さな音」とありますが、これは何の音ですか。三十字以内(いない)で書きなさい。

(5) ――線⑥「ごめんねごめんね」とありますが、奈保子(なおこ)がおじいちゃんにあやまったのは、なぜですか。最(もっと)もよいものを次(つぎ)から選(えら)んで、○をつけなさい。

ア（　）四年前にぼうしにいろいろつけたとき、もっといいすずをつけてあげなかったから。

イ（　）おじいちゃんの気に入っていたぼうしのかざりを、奈保子(なおこ)がとってしまったから。

ウ（　）おじいちゃんの気持(きも)ちを知らずに、おじいちゃんのことをきらって、ひどいことをしたから。

(6) ――線⑦「完成(かんせい)したぼうし」は、どんなぼうしですか。

（　　　　　　　　）

がつけてくれたものならはずしてしまうのはもったいない、といって毎日あのぼうしをかぶってさんぽに行っていたのよ」

おじいちゃんは四年間も、あのへんてこなぼうしをかぶって、毎日さんぽしていたのです。すずが五個もついているのです。

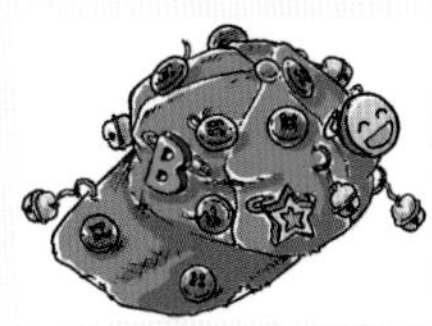

あるくたびにチリンチリン鳴って、はずかしかったにちがいありません。わたしははじめておじいちゃんがとても自分のことをすきだったということに気づいたのです。わたしはわんわんなきながらおじいちゃんの部屋にはいると、⑥「ごめんねごめんね」とあやまりました。そして、いそいでおじいちゃんのぼうしをとってきて、すずやボタンをすべてはずしました。そして、お店からきれいな色のししゅう糸を買ってきて、針と糸でていねいにおじいちゃんの名前をししゅうしはじめました。家庭科がとくいだったので、なかなかりっぱなものです。⑦完成したぼうしをまたいつもの場所にもどし、数日後、わたしは東京へ帰っていきました。

〈原奈保子『心があったかくなる話 4年生』所収「へんてこぼうしとおじいちゃん」による〉

(7) おじいちゃんは、どんな人ですか。最もよいものを次から選んで、○をつけなさい。

ア（　）自分の意見がまちがっていても決して変えようとしない、がんこな人。

イ（　）本当はやさしいのに、そのやさしさをすなおに表に出せない照れ屋な人。

ウ（　）周りの人から何をされても全く気にかけない、のんびりした人。

(8) 次の問題に答えなさい。

あ この文章を大きく二つに分けるとすると、後半はどこからになりますか。後半の初めの五字を書きぬきなさい。

い あで分けた前半部分をさらに二つに分けるとすると、後半はどこからになりますか。後半の初めの五字を書きぬきなさい。

18 説明文

標準レベル

答え 26ページ

学習した日　月　日

1 次の文章を読んで、問題に答えなさい。

1 お金は大むかしからあったものではありません。たとえばあなたが大むかしの人で、海の近くに住んでいたと考えてみてください。

2 海で魚や貝がとれます。それを食べていれば生きてはいけますが、たまには肉や野菜、果物が食べたくなるでしょう。［①］、むかしはお金がありませんでしたから、どこかで買うわけにはいきません。どうしましょう。

3 あなたがとった魚を山に持って行って、肉や果物を持っている人と交換してもらうしかありません。物と物との交換なので、これを②「物々交換」といいます。

4 交換するのは食べ物だけではありません。冬に備えて着るものも必要になりますから、毛皮がほしくなります。これも、

(1) この文章には、どのようなことが書かれていますか。最もよいものを次から選んで、○をつけなさい。

ア（　）お金によって、むかしの人のくらしはどのように便利になったのか。

イ（　）ほしいものがあるとき、大むかしの人はどこでそれを買っていたのか。

ウ（　）お金がなかった時代には、どのようにしてほしいものを手に入れていたのか。

(2) ［①］・［③］に入る言葉の組み合わせとして、最もよいものを次から選んで、○をつけなさい。

ヒント 2の最後に「どうしましょう。」とあることに注目する。

ア（　）①＝すると　③＝たとえば

イ（　）①＝でも　③＝あるいは

ウ（　）①＝しかも　③＝そこで

(3) ――線②「物々交換」について、次の問題に答えなさい。

㋐ 「物々交換」とは、何ですか。「自分」「相手」という言葉を使って書きなさい。

（　　　　）

あなたのところに余分にある魚や貝を毛皮と交換しなければなりません。

5 でも、実は物々交換は簡単ではありません。あなたが魚を肉と交換しようと考えていても、「余っている肉を魚と交換したいなあ」と思っている人をどこかで見つけなければならないからです。そんな人が簡単に見つかるでしょうか。

6 [③]、「毛皮がたくさんあるから、これを魚や貝と交換しよう」という人を見つける必要があります。なんだかむずかしそうですね。ほんのぐうぜんでないと、そんな人に会えそうもありません。

7 ④そんな人たちのために、そのうちに「⑤市」が立ちます。海や山から人々が食べ物や毛皮を持って集まり、互いに交換するのです。ここなら、みんなが「自分の持っている余分なものをほかのものと交換したい」と思っていますから、物々交換がしやすくなります。

8 こうした「市」がやがて「市場」に発展します。また、毎月五日に市ができていた場所は「⑥五日市」と呼ばれ、十日に市がある場所は「⑦十日市」という名前になっていきます。全国各地にこんな名前の地名があるのは、その名ごりなのです。

Ⓘ 「物々交換」には、どのような問題がありますか。

（　　　　　　　　　　）

ヒント 5・6に書かれていることを読み取る。

(4) ――線④「そんな人たち」とありますが、どのような人たちですか。

（　　　　　　　　　　）

(5) ――線⑤「市」とは、何ですか。

（　　　　　　　　　　）

(6) ――線⑥「五日市」、⑦「十日市」について説明した次の文の（　）に、文章中の言葉を書きぬきなさい。

「五日市」は、（　　　　）に市ができていた場所、「十日市」は、毎月（　　　　）に市ができていた場所で、今も全国各地にこのような（　　　　）がのこっている。

9 そんな「市」に集まっても、物々交換はなかなか大変です。そのうちに、物々交換に集まった人たちが、持ってきた魚や肉を、とりあえず⑧お米や布に交換してから、別のものに交換する方法をとるようになります。お米や布ならほしがる人が大勢いるので、次に交換しやすくなるからです。

10 こうして、お米や布が、物々交換の「仲立ち」をするようになります。これが、大むかしのお金の始まりです。

11 お米はみんながほしがりますから、いろんなものと交換できて便利ですが、たくさん持つと、重くて運ぶのが不便ですね。長い間持っていると、味が落ちてしまうという欠点もあります。布もいたむ心配があります。

12 そこで、持ち歩くのに便利で長持ちするものが使われるようになります。⑨きれいな貝がらが使われることもありました。中国でも大むかしは貝をお金に使っていた証拠が、漢字に残っています。私たちが使っている漢字は中国から来たものです。たとえば「買う」という漢字の下の部分に「貝」の文字が入っていますね。お金を「貸す」、お金を「貯める」、「財」「資」「販」など、⑩お金に関係するたくさんの漢字に「貝」が使われています。

13 貝のほかにもいろいろなものが使われましたが、や

(7) ――線⑧「お米や布」とありますが、これらにはどのような利点と欠点がありますか。

あ お米や布に共通する利点（　）

い お米や布に共通する欠点（　）

う お米の欠点（　）

え 布の欠点（　）

(8) ――線⑨「きれいな貝がらが使われることもありました。」とありますが、それはなぜですか。

（　）

(9) ――線⑩「お金に関係するたくさんの漢字に『貝』が使われています」とありますが、ここからどんなことがわかりますか。最もよいものを次から選んで、○をつけなさい。

がて金や銀、銅が物々交換の「仲立ち」として使われるようになりました。こうした金属は、熱を加えればとけていろんな形にすることができ、丈夫で長持ちしたからです。日本で最初のお金と言われる「富本銭」や、その次の「和同開珎」は、いずれも銅で作られていました。でも、銅よりは銀、そして金のほうがきれいなので、より高いお金として使われるようになりました。

14 こうして、お金が生まれました。⑪世界各地で金を使ったコインつまり金貨が生まれています。人間は金色を見ると、「きれいで価値がある」と思うのですね。また金は大量にはとれませんでしたから、よけいに「価値のあるもの」と考えられました。道端にいくらでも転がっているものだったら、いくらきれいなものでも、お金にはならなかったはずです。

〈池上彰「お金ってなんだろう?」による〉

ア（　）中国でも大むかしは貝をお金に使っていたこと。

イ（　）私たちの使っている漢字は中国から来たものであること。

ウ（　）人々はお金として使うのに貝が最も便利だと思っていたこと。

(10) ——線⑪「世界各地で金を使ったコインつまり金貨が生まれています。」とありますが、それはなぜだと考えられますか。

（　　　　　）

ヒント 人間が、金色や金のことをどう感じていたかに注目。

(11) この文章を大きく五つに分けるとすると、どのように分ければよいですか。最もよいものを次から選んで、○をつけなさい。

ア（　）1 2／3 4 5 6／7 8 9 10 11／12／13 14

イ（　）1 2／3 4 5 6 7 8／9 10 11／12／13 14

ウ（　）1 2 3 4 5 6／7 8 9／10 11／12／13 14

ヒント お金の役わりを果たしていたものが変わる部分に注目。

ハイレベル　深めよう

答え 27ページ

1 次の文章を読んで、問題に答えなさい。

1 同じ国語（国のことば）の中で、ちがいがみられるとき、それぞれの地方で話されていることばを、「方言」といいます。青森県で話されていることばは、青森県方言、鹿児島県で話されていることばは、鹿児島県方言、山形県のことばは、山形県方言です。同じように、東京の人たちがつかっていることばは、東京方言とよばれています。

2 ①どの地方の人も、ふだんは方言で話をしています。青森県の人は、青森県方言をつかい、東京の人は、東京方言をつかって、生活しています。

3 いいかえれば、わたしたちが、親しい人とくつろいで話をしているときのことばが、方言です。方言は、わたしたちが、もっとも自然に、かざらずに話すことのできることばです。

4 東北地方では、動物の「かえる」をビッキといい、「かわいい子ども」の「かわいい」を、メンコイといいます。このビッキやメンコイは、東北地方の方言の一部です。

(1) 1に書かれていることをまとめているのは、どの一文ですか。その一文の初めの三字を書きぬきなさい。

(2) ――線①「どの地方の人も、ふだんは方言で話をしています。」について、次の問題に答えなさい。

あ 方言は、どんなときにつかうことばですか。文章中から二十五字で書きぬきなさい。

い この文章での方言についての説明に当てはまるものを、次から一つ選んで、○をつけなさい。

ア（　）方言とは東京以外の地方で話されていることばのことである。

学習した日　月　日

5 しかし、方言とは、このようなかわったことばだけを、いうのではありません。青森県でも、鹿児島県でも、「雨」はアメ、「山」はヤマといいます。このアメやヤマも、青森県方言や鹿児島県方言の一部なのです。

6 同じ町や村の中でも、お年寄りの方言と、若者の方言は、かなりちがっています。新潟県糸魚川市の早川地方では、「かたぐるま」のことを、お年寄りは、カッカラカツといいますが、若者は、カッカリドンチャンといっています。また、神奈川県の若者は、電車やバスをまっている列にわりこむことを、ヨコハイリといっています。

7 このように、若い人たちの中で、新しくうまれた方言を、②「新方言」といいます。若者が、「きょうは寒いジャン」のようにつかう「ジャンことば」や、「めんどうだ」「気持ちが悪い」の意味でつかう、ウザッタイなども、新方言の例です。このように、日本のあちらこちらで、新しい方言がうまれているのです。

8 わたしたちは、方言だけで生活しているわけではありません。学校で勉強しているとき、[③]、よその地方の人と話をするときなどには、方言とはべつのことばをつかいます。そのようなときにつかうことばを、「共通語」といいます。

イ（　）ある地方でつかわれるかわったことばは、方言の一部である。

ウ（　）ほかの地方でもつかわれていることばは、方言とはいわない。

(3) ——線②「新方言」について、次の問題に答えなさい。

あ 新方言の話は、どの段落から始まっていますか。段落の番号を書きなさい。［　］

い 新潟県糸魚川市の早川地方では、「かたぐるま」のことを、新方言で何といいますか。

（　　　　）

(4) [③]に入る言葉を次から選んで、○をつけなさい。

ア（　）すなわち

イ（　）あるいは

ウ（　）たとえば

9 日本では、だいたい、東京で話されていることば、すなわち東京方言が、共通語としてつかわれています。

10 共通語とは、全国どこでも通じることばのことです。この共通語があるからこそ、④わたしたちは、よその地方の人たちと、自由に話をすることができます。わたしたちは、方言と共通語をじょうずにつかいわけて、生活しているのです。

11 ⑤共通語と意味の似ていることばに、「標準語」があります。共通語と標準語は、ほとんど同じ意味でつかわれることもあります。

12 しかし、共通語は、どちらかといえば、話をするときにつかうことば（話しことば）をさし、標準語は、文章を書くときにつかうことば（書きことば）をさします。

13 たとえば、「かぜをひいたんで、学校を休んじゃった」というのは、共通語です。いっぽう「かぜをひいたので、学校を休んでしまった」というのは、標準語です。単語の例をあげると、「おっかない」や「こわい」は共通語で、「おそろしい」は標準語です。

14 標準語は、共通語のくだけたいい方を、洗練させたものだということができるでしょう。

15 むかしは、方言しか話せない人が、たくさんいました。

---

(5) ――線④「わたしたちは、よその地方の人たちと、自由に話をすることができます」とありますが、それはなぜですか。

（　　　　）

(6) ――線⑤「共通語と意味の似ていることばに、『標準語』があります。」について、次の問題に答えなさい。

あ 共通語と標準語は、「意味」が「似てい」ても、ちがうことばをさすと筆者はいっています。どのようにつかう点がちがうのですか。

（　　　　）

い 共通語と標準語でつかわれる単語の例として、文章中に挙げられているものを、それぞれ一つずつ書きぬきなさい。

共通語（　　　　）

標準語（　　　　）

それでは、よその地方の人と話をすることはできません。

16 そこで、明治・大正時代には、学校で共通語をきびしく教え、方言をつかうことを禁止したこともありました。学校で方言を話すと、「方言札」というものを首にかけられたこともあったのです。そのため、方言はきたないことばだとか、はずかしいことばだという、まちがった考えが、日本人のあいだに広がりました。

17 しかし、いまでは、だれでも共通語が話せる時代になりました。それには、ラジオやテレビの普及が、大きな役割をはたしたといってよいでしょう。そして、⑥方言にたいする人々の考えも、すこしずつかわっていったのです。

18 方言は、それぞれの土地の中からうまれた、生活のことばです。土地の人たちどうしで会話をするとき、とくに、若い人とお年寄りが話をするときには、方言はなくてはならないものです。

19 現代では、方言と共通語を、場面や話し相手によって、じょうずにつかいわける必要があります。それができる人こそ、⑦地域の中で、人々とまじわりながら、いきいきとした生活のできる人だと思います。

〈佐藤亮一「なるほど方言学入門」による〉

(7) 16は、どんな役わりを果たしていますか。最もよいものを次から選んで、○をつけなさい。

ア（　）15に書かれた事がらをくわしく説明する役わり。

イ（　）15に書かれた事がらとちがう話題をしめす役わり。

ウ（　）15に書かれた事がらの結果を説明する役わり。

(8) ——線⑥「方言にたいする人々の考えも、すこしずつかわっていったのです」とありますが、どのようにかわっていったと考えられますか。最もよいものを次から選んで、○をつけなさい。

ア（　）方言ははずかしいものだという考えから、方言は大事にすべきだという考えにかわっていった。

イ（　）方言でなく共通語を話すべきだという考えから、方言だけを話すべきだという考えにかわっていった。

ウ（　）若い人も方言を話すべきだという考えから、若い人に方言はいらないという考えにかわっていった。

(9) ——線⑦「地域の中で、人々とまじわりながら、いきいきとした生活のできる人」とは、どんな人ですか。

時間 30分　得点　　点　答え 28ページ

学習した日　月　日

1 次の文章を読んで、問題に答えなさい。

ぼくたちが校庭に戻ると、中山先生は「じゃあ、最後に腕立て歩きで競争をしようか」と言った。

十五メートルのコースを往復する。折り返しのところで腕立てをするほうと足を持つほうが交代する。十五メートルって、ふつうに歩けばなんてことのない距離だけど、腕立てで進むのはかなりキツい。みんなも①「うげーっ」という顔になった。

特に高野さんは、早くも半べそをかいて、②「わたし、見学する」とマコトに言った。「さっきケガしたところも痛いし……」

友だちだったら――そうだよね、と言うはずだ、と思っていた。高野さんがかわいそうだから無理してやらせるわけない。

ところが、マコトはきっぱりと言った。

「すりむいただけでしょ？　やろうよ」

「でも……」

「せっかく練習してだいぶ歩けるようになったんだから、

(1) ――線①「うげーっ」には、みんなのどんな気持ちが表れていますか。三十字以内で書きなさい。〔10点〕

(2) ――線②「わたし、見学する」について、次の問題に答えなさい。

あ　このときの高野さんの気持ちとして、最もよいものを次から選んで、○をつけなさい。〔5点〕

ア（　）ペアを組むマコトがきらいなので、迷惑をかけたくないことを口実にして、やめてしまおう。

イ（　）ケガのせいで、ペアを組むマコトに迷惑をかけたくはないので、残念だけどやめておこう。

ウ（　）自分は遅くて、ペアを組むマコトに必ず迷惑をかけるとわかっているので、やりたくない。

行けるところまででもいいから、がんばってやろうよ」

「でも……わたし、遅いから、川村さんに迷惑かけちゃうし……」

そうなんだ、高野さんは三年生のときからなにをやってもテンポがのろくて、みんなで競争をするときにはいつも高野さんのところで逆転されて、クラスやチームに迷惑をかけて、だからいつのまにかみんなは高野さんを「余り」にするようになっていて……。

「違うよ」

マコトは言った。③さっきより、もっときっぱりとした口調だった。

「そんなのは迷惑なんて言わないんだよ」

「でも……わたしと組んだら、絶対にびりっけつになっちゃうし……」

マコトは、高野さんの肩をぽんと叩いて「だいじょうぶ」と笑った。「順位なんてどうでもいいから、やってみようよ」

それに――と、マコトはつづけた。

「番長は一番にならなくても番長なんだから」

ヒュッ、と短くくちぶえを吹いて、チョンマゲを揺らして、笑った。

㋑ 「ぼく」は、高野さんのこの言葉を聞いて、どんなことを思いましたか。〔10点〕

（　　　　）

㋒ マコトは、高野さんに対して、どんなことを言いましたか。「練習」「順位」という言葉を使って書きなさい。〔10点〕

（　　　　）

(3) ――線③「さっきより、もっときっぱりとした口調だった。」とありますが、マコトの「口調」が、「もっときっぱりとした」ものになったのは、なぜですか。最もよいものを次から選んで、○をつけなさい。〔10点〕

ア（　）前よりもなっとくできないことを言った高野さんに、それはまちがいだとはっきり伝えたかったから。

イ（　）前よりもふまじめなことを言った高野さんに、まじめになれとおこりたかったから。

ウ（　）前よりも深こくななやみを打ち明けた高野さんに、自分もつらいのだと伝えたかったから。

最初に女子がスタートした。

予想どおり、高野さんの腕立て歩きはみんなよりずっと遅い。折り返し点のポールまでたどり着けるのかどうかもわからない。

でも、高野さんは一歩ずつ、ゆっくりと、途中でやめずに腕立て歩きをつづけた。足を持つマコトも高野さんのペースに合わせてゆっくりと歩きながら「いいよ、その調子、そうそう、いっちに、いっちに」と応援をつづける。

他のペアがみんなゴールしても、高野さんはまだ折り返し点の手前二メートルのところにいる。腕が止まった。もうだめ、というのが全身から伝わった。

あとちょっとなのに。高野さんが十五メートルを完走するなんて、そんなの、いままで一度もなかったことなのに。それって、ほんとうに、ほんとうに、④すごいことなのに。

「がんばれ！　あとちょっと！」

ぼくは思わず叫んでいた。両手をメガホンにして「がんばれ！　がんばれ！」と声援をおくっていた。

それにつられたように、ジャンボやタッチも「あとちょっとだぞ！」「根性だ、ド根性！」と高野さんを応

(4) ――線④「すごいこと」について、次の問題に答えなさい。

あ どんなことが「すごい」のですか。二十五字以内で書きなさい。〔10点〕

い あで答えたことが「すごい」のは、なぜですか。〔10点〕

（　　　　）

(5) ――線⑤「高野さんが折り返し点までたどり着くと」とありますが、腕立て歩きを始めてからここまでの高野さんの気持ちを、次のア～ウのように表しました。正しい順にならべて、記号を書きなさい。完答〔10点〕

ア 初めて最後までできて、うれしい。
イ できるところまで、何とか一生けんめいやってみよう。
ウ つらくて、これ以上はできない。

援しはじめて……やがて、その声は、少しずつ女子にも広がっていった。

マコトはぼくたちを振り向いた。

ニコッと笑った。

そして、⑤高野さんが折り返し点までたどり着くと、高野さんの手を取って、高々とかかげた。⑥みんなはいっせいに拍手をした。高野さんは涙ぐんでいた。⑦いつもの泣き虫の高野さん――でも、その涙は、ぼくたちが初めて見るうれし涙だった。

「さあ、交代だよ」

高野さんに足を持ってもらったマコトは、折り返し点からゴールに向かって腕立て歩きを始めた。今度はもう声援なんていらなかった。それどころか、みんな驚いて、ボーゼンとして……

だって、マコトの腕立て歩きはすごく速かったんだから。男子よりずーっと速かった。やっぱり、あいつ、番長なんだ。番長だから、競争で一番にならなくても、やっぱりすごいやつなんだ。

〈重松清「くちぶえ番長」による〉

(6) ――線⑥「みんなはいっせいに拍手をした。」とありますが、このときのみんなの気持ちを表す言葉を、漢字二字で考えて書きなさい。〔5点〕

（　）→（　）→（　）

(7) ――線⑦「いつもの泣き虫の高野さん」とありますが、「いつもの」高野さんは、どんな人だったのですか。それがわかる一文を文章中からさがして、初めの五字を書きぬきなさい。〔10点〕

(8) 「番長」とよばれるマコトは、どんな人ですか。最もよいものを次から選んで、○をつけなさい。〔10点〕

ア（　）みんなを驚かせることが大好きで、いつもみんなの話題の中心になる人。

イ（　）みんなよりうまくできないことがあっても、明るく笑っていられる人。

ウ（　）みんなよりすぐれていても、弱い立場の人を助けてあげられる人。

チャレンジテスト

7章 長い文章を読む（説明文）

時間 30分　得点 点　答え 29ページ

学習した日 月 日

1 次の文章を読んで、問題に答えなさい。

1 日本には何千という川があります。一つの川から次の川まで数百メートルしか離れていないというところもあります。ところがエジプトでは、地中海からエジプトとスーダンの国境であるワディ・ハルファというところまで約千五百キロくらいありますが、その間に川というものはナイル川一本だけです。注ぎ込む支流も一本もないのです。

2 ナイル川はもともと二つの川からできています。①一つは白ナイルと言って、現在のケニア、ウガンダ、タンザニア、ブルンジというような、東アフリカの国々に囲まれたビクトリア湖を水源として流れてきている川で、この水源から地中海までは約六千七百キロあります。これは現在、地球上にある川のなかで最も長い川です。どうして白ナイルと呼ばれるようになったかというと、砂漠のなかをただひたすら流れてくるので、砂漠の砂を巻き込み、水の色が白っぽく見えるからだそうです。

3 そしてもう一つの川は青ナイルと言い、今のエチオ

(1) 1では、どんなことが説明されていますか。最もよいものを次から選んで、○をつけなさい。〔5点〕

ア（　）エジプトとくらべて、日本には川が多いこと。
イ（　）エジプトには、ナイル川一本だけしかないこと。
ウ（　）エジプトは日本にくらべて、国土が広いこと。

(2) ——線①「一つは白ナイルと言って」について、次の問題に答えなさい。

あ なぜ「白ナイル」と呼ばれているのですか。〔10点〕

（　　　　　　　　　　）

い 「白ナイル」をつくっているのは、どんな水ですか。三十字以内で書きなさい。〔10点〕

ピアという国、②すなわちアビシニア高原のタナ湖を水源として流れてくる川です。この白ナイルと青ナイルが現在のスーダンという国の首都ハルツゥームの近くで合流して地中海に向かって流れてくるのです。

4 古代エジプト時代、ナイル川は一年のうち約四か月間氾濫しました。白ナイルの上流の水源地ビクトリア湖に流れ込む水はキリマンジェロ、ケニア山、ルゥエンゾリといった高い山の上に降った雪なのです。赤道直下ですが、高さが五千メートルもあるため雪が降り、③これが夏になると解けはじめるのです。その雪解けの時期が毎年決まって四月、五月です。そして雪が解けた水がビクトリア湖に溜まりきれなくなって流れ出す。その流れ出した水が白ナイルをつくっているわけです。ビクトリア湖に溜まりきれない水が溢れると言っても、ビクトリア湖は九州を二つほど合わせた大きな面積の湖なので、雪解け水の量がいかに多いかということがわかります。

5 そして同じ頃、エチオピアのアビシニア高原一帯に大雨が降ります。それを雨期といいます。この大雨がタナ湖周辺に集中して、タナ湖に溜まりきれなくなって溢れ出す。④これが青ナイルをつくるわけです。タナ湖も琵琶湖の四倍くらいの大きさです。⑤アフリカのスケールと

(3) ――線②「すなわち」と同じ働きをするつなぎ言葉を次から選んで、○をつけなさい。（5点）

ア（　）そして　イ（　）つまり

ウ（　）だから

(4) ――線③「これ」は、何を指していますか。文章中から十字以内で書きぬきなさい。（5点）

(5) ――線④「これが青ナイルをつくるわけです。」とありますが、「青ナイル」をつくっているのは、どんな水ですか。（10点）

(6) ――線⑤「アフリカのスケールというのはとてつもなく大きい」とありますが、その具体例として、どんなことが挙げられていますか。4・5から二つ書きなさい。一つ5（10点）

いうのはとてつもなく大きいもので、日本のサイズで考えるととても考えの及ばないことがあります。

[6] そうやってナイル川に大量の水が流れ込んでくると、だいたい六月頃になってエジプトではナイル川の水が増えてきます。ナイル川はスーダンからずっと約二千六百キロぐらい流れてきますが、その間はほとんど雨が降りません。だから水がどんどん蒸発していきますが、水量はまだまだ充分にあります。

[7] エジプトに到達したナイル川の水は溢れ出し、川の両側にある耕作地に流れ込み、氾濫します。普通ならばここで川の治水工事などをして、洪水を防ぐはずですが、⑥古代エジプト人はそうしませんでした。むしろ水が自然に引いていくまで四か月あまりのナイル川の増水を放置しておいたのです。

[8] 堤防をつくったりダムをつくる技術が当時なかったわけではありません。古代エジプトの人々はこの四か月の間、ナイル川の水で耕作地を浸しておくことが農業のためになり、またエジプト文明をつくる上でいかに大切なことであるかということを知っていたのです。

[9] その理由は、約三千キロもの間流れてきたナイル川の水は上流地帯や途中の土を*コロイド状で運んできます。

---

(7) [6]につける小見出しとして、最もよいものを次から選んで、○をつけなさい。〔5点〕

ア（　）ナイル川の水の量

イ（　）ナイル川周辺の気候

ウ（　）ナイル川が流れるきょり

(8) ——線⑥「古代エジプト人はそうしませんでした」について、次の問題に答えなさい。

あ どんなことをしなかったのですか。十字以内で書きなさい。〔5点〕

い あで答えたことをしなかったのは、なぜですか。〔10点〕

（　　　　　　　　　　）

(9) ——線⑦「大変合理的な農業」とありますが、どんなところが「大変合理的」なのですか。最もよいものを次から選んで、○をつけなさい。〔5点〕

ア（　）堤防やダムをつくって耕作しているところ。

イ（　）土地の特ちょうを生かして耕作しているところ。

ウ（　）麦や小麦や大麦などの作物を育てているところ。

この土を「肥沃なる土」といいますが、この土が氾濫によって下流のエジプトの農地に沈澱するわけです。つまり、古い土の上に新しい肥沃な土が運ばれてくるのです。だから四か月後にナイル川の水が引いていきますと、そこに木の棒で穴を開けて、その穴に種をまくだけでよかったのです。水の引いた後の四か月は種蒔きの季節です。そして次の四か月は収穫期で、麦や小麦や大麦がたくさん実っているという⑦大変合理的な農業を行っていたわけです。そういうわけで、＊ヘロドトスが言うまでもなく、⑧エジプトはナイルの賜物だったのです。これを古代エジプトは三千年間ずっと続けてきたのです。

10　エジプトは自然を支配するのではなくて、自然と共に生きる。すなわち自然の力を上手に活かしていたわけです。古代エジプト人にはある程度、人間の力は自然に比べると弱いものだという思いがありました。だから自然をおそれ、自然を尊び、自然の力に対して対抗するのではなくて利用するという生き方をしていたのです。

〈吉村作治「吉村作治の古代エジプト不思議物語」による〉

＊コロイド状…小さな粒が液体などの中に分散している状態。
＊ヘロドトス…昔のギリシアのれきし家。

(10)　――線⑧「エジプトはナイルの賜物だった」とありますが、これはどういうことですか。最もよいものを次から選んで、○をつけなさい。〔5点〕

ア（　）ナイル川の氾濫はとても多く、古代エジプト人はこの氾濫に苦しめられたということ。

イ（　）ナイル川が流れる長いきょりに合わせて、古代エジプト人も国を大きくすることができたということ。

ウ（　）ナイル川が運んでくる「肥沃なる土」によって、古代エジプト人はゆたかにくらせたということ。

(11)　この文章を大きく四つに分けるとすると、どのように分ければよいですか。次から選んで、○をつけなさい。〔5点〕

ア（　）1 2／3 4 5 6／7／8 9 10
イ（　）1／2 3 4／5 6 7 8／9 10
ウ（　）1／2 3 4 5／6 7 8 9／10

(12)　古代エジプト人は、自然に対してどのようにせっしていたと筆者は言っていますか。古代エジプト人の考えを明らかにしながら書きなさい。〔10点〕

思考力育成問題

学習した日　月　日

時間 30分　得点　点　答え 30ページ

1 小川さんのクラスでは、「朝食を食べること」というテーマで話し合うことになりました。次は、そのときの【話し合いの一部】です。これを読んで、問題に答えなさい。

【話し合いの一部】

小川　今日は、「朝食を食べること」というテーマで話し合います。まず、【しりょう①】を見てください。これは、朝食を週二日以上食べないことがあるという人九百人に、その理由をきいたものです。

森田　これを見ると、「[①]」「食欲がない」と答えた人が、それぞれ四百人近くいますね。

木村　わたしも、ねぼうした日は、朝食を食べないことがあります。[②]

小川　その答えになるのが、【しりょう②】のグラフです。③朝食を食べない日が週一日以上ある人は、毎日朝食を食べる人よりも、体の調子が悪くなるわりあいが高いです。また、朝食を食べない日が週一日以上ある人は、毎日朝食を食べる人よりも、心の調子が悪くなるわりあいも高いです。

(1) [①]に入る言葉を、【しりょう①】から書きぬきなさい。〔5点〕

（　　　　）

(2) [②]に入る言葉として最もよいものを次から選んで、○をつけなさい。〔10点〕

ア（　）たまには朝食を食べないことがあってもよいのではないでしょうか。

イ（　）朝食を食べない人に食べてもらうには、どうすればよいのでしょうか。

ウ（　）朝食を食べないことには、どのような問題があるのでしょうか。

(3) ——線③「朝食を食べない日が週一日以上ある人は、毎日朝食を食べる人よりも、体の調子が悪くなるわりあいが高いです。」とありますが、そのことがわかるのは、【しりょう②】のどのこうもくですか。当てはまるものを次からすべて選んで、○をつけなさい。完答〔5点〕

木村　なるほど、朝食を食べない日があると、④のですね。

森田　わたしは休みの日は早く起きて、ジョギングをしています。気分がすっきりするので、おすすめです。

小川　森田さん、⑤。

【しりょう①】

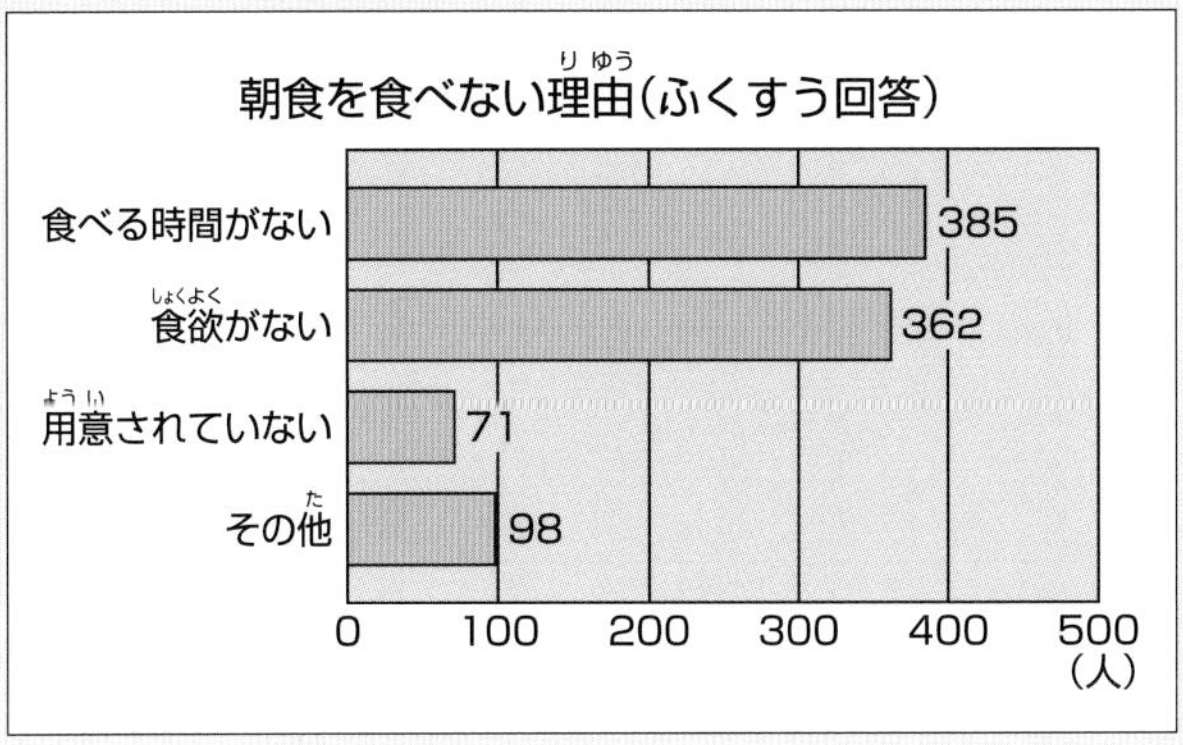

【しりょう②】

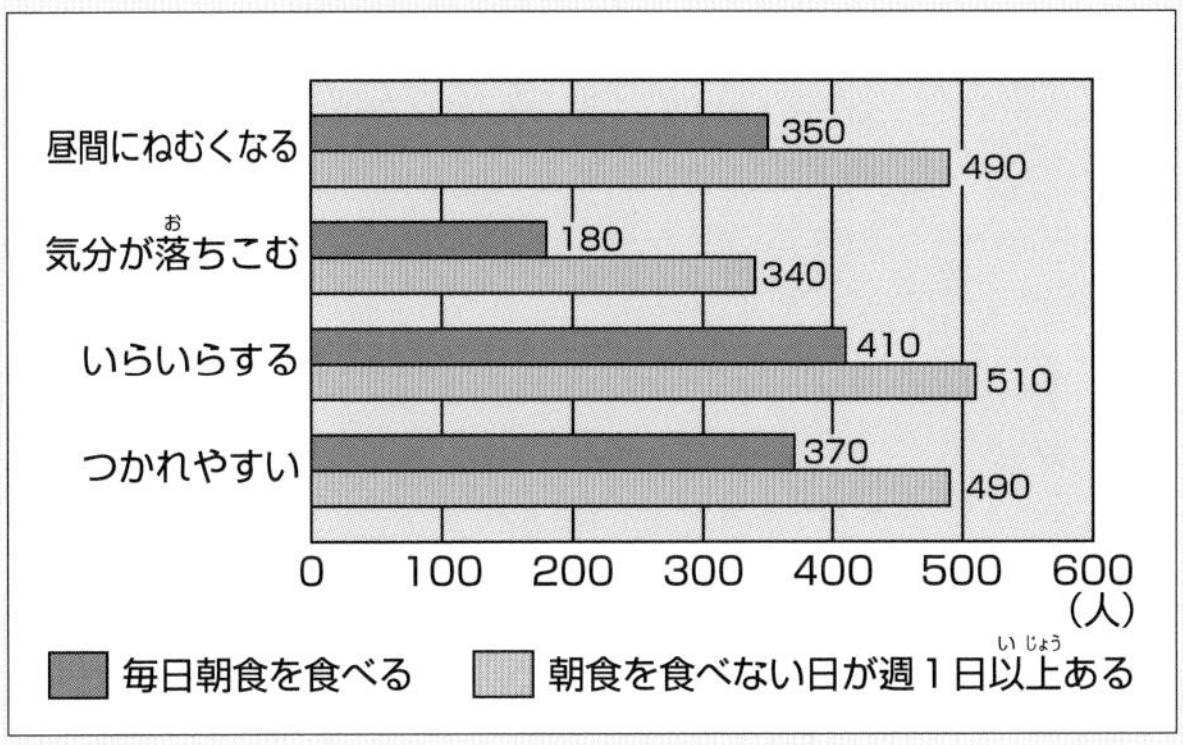

ア（　）昼間にねむくなる
イ（　）気分が落ちこむ
ウ（　）いらいらする
エ（　）つかれやすい

(4)　④に入る言葉を、「心身」という言葉を使って、二十字以内で書きなさい。〔10点〕

(5)　⑤には、直前の森田さんの発言を注意する言葉が入ります。考えて書きなさい。〔10点〕

(6)　この話し合いで、小川さんはどのような役わりを果たしていますか。最もよいものを次から選んで、○をつけなさい。〔5点〕

ア（　）前の人の意見に反対する役わり。
イ（　）話し合いを進行する役わり。
ウ（　）わからないことをたずねる役わり。

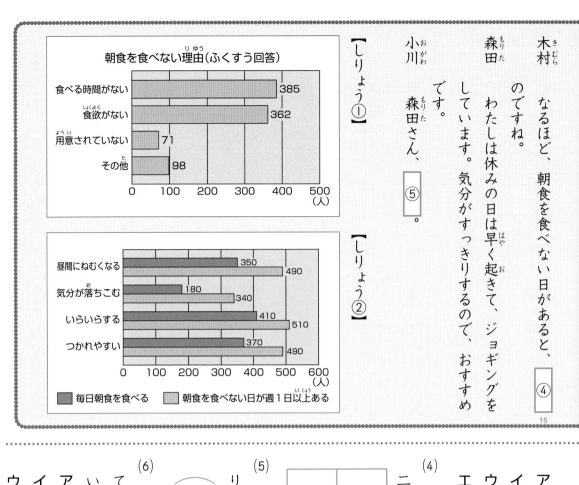

2 高田さんは、外来生物についてクラスでスピーチを行うことにしました。次は、高田さんの【スピーチげんこう】と、スピーチのときに使う【しりょう】です。これらを読んで、問題に答えなさい。

【スピーチげんこう】

みなさんは、外来生物とは何か知っていますか。外来生物とは、もともと日本にすんでいたのではなく、外国からやってきた生き物のことです。（ア）外国からやってきたといいましたが、実は①人間によって持ちこまれたのです。（イ）

ほとんどの外来生物は、日本の自然になじめなかったり、特定のちいきでしか生活できなかったりして、特に問題になることはありません。しかし、一部の外来生物は、もともと日本にすんでいた生き物を食べてしまったり、人間にけがをさせたり、農作物を食べてしまったりします。（ウ）それが問題になっているのです。

【しりょう②】を見てください。これは、ある都道府県でつかまえられたアライグマの数と、農業のひがい金額を表したグラフです。これを見ると、［②］ことがわかります。ここまでひがいが大きくなると、外来生物を

(1) 【しりょう①】は、スピーチのどこで見せるとよいですか。【スピーチげんこう】の（ア）～（ウ）から選んで、記号を書きなさい。〔5点〕

［　　］

(2) 高田さんが、【スピーチげんこう】を友人に見せたところ、友人が、——線①「人間によって持ちこまれたのです」について、次のように助言しました。［　］に入る言葉を、「説明」という言葉を使って、二十字以内で書きなさい。〔10点〕

「人間によって持ちこまれた」のところで、［　］と、「持ちこまれた」ことに関する説明がくわしくなってもっとわかりやすくなると思うよ。

(3) ［②］には、【しりょう②】のグラフから読み取れることが入ります。［②］に入る言葉を書きなさい。〔15点〕

③くじょしなければいけません。

しかし、先ほども言ったように、外来生物は人間によって持ちこまれたものです。連れてこられた場所で一生けんめい生きようとしているだけで、④ことはよくありません。わたしたちは外来生物とどのように関わっていくべきか、よく考える必要があります。

【しりょう①】

【しりょう②】

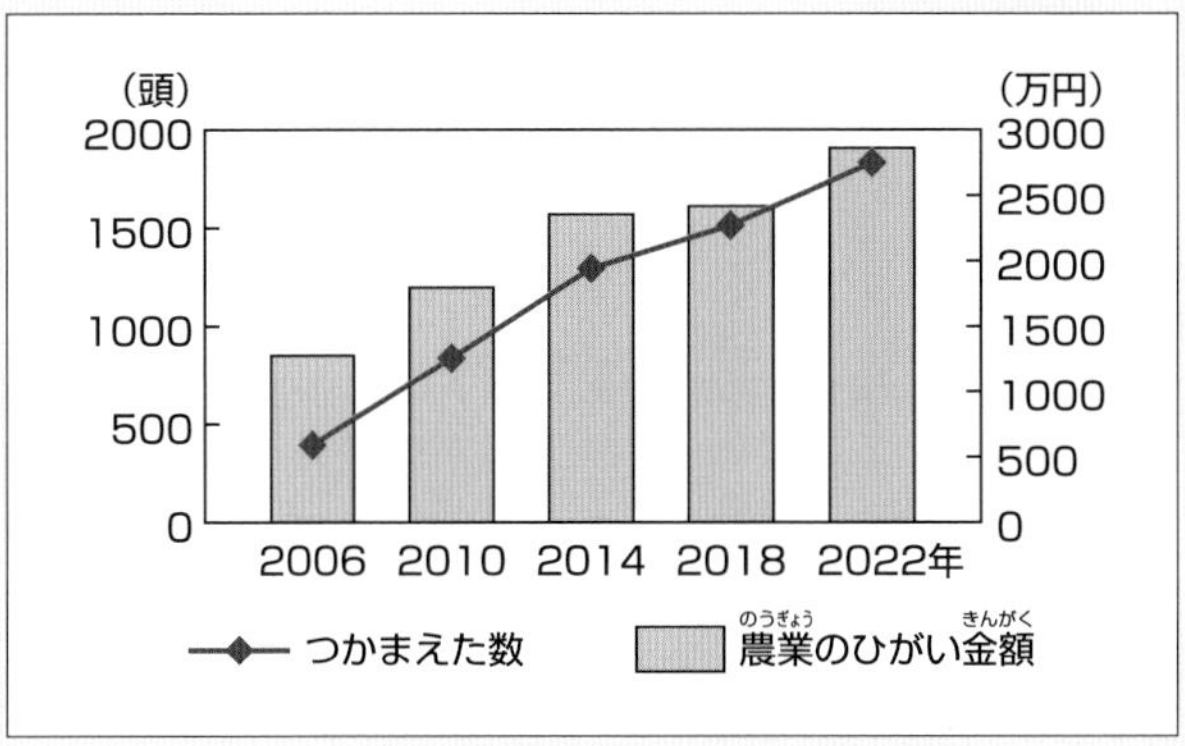

(4) ——線③「くじょしなければいけません」について、高田さんは聞いたときにわかりやすい表現に直したほうがよいと思いました。てきせつな表現に書き直しなさい。〔5点〕

（　　　　）

(5) ④に入る言葉を、「人間の都合」「悪者」という言葉を使って、二十字以内で書きなさい。〔15点〕

(6) この【スピーチげんこう】のよいところとして最もよいものを次から選んで、○をつけなさい。〔5点〕

ア（　）自分とは反対の意見も取り上げて、問題をいろいろな角度から考えている。

イ（　）話しかけるような言い方をして、聞き手のきょうみを引きつけている。

ウ（　）じゅんじょを表す言葉を使って、聞き手に説明したいことをならべている。

トクとトクイになる！

小学ハイレベルワーク

国語3年

答えと考え方

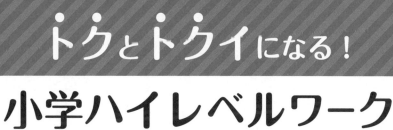

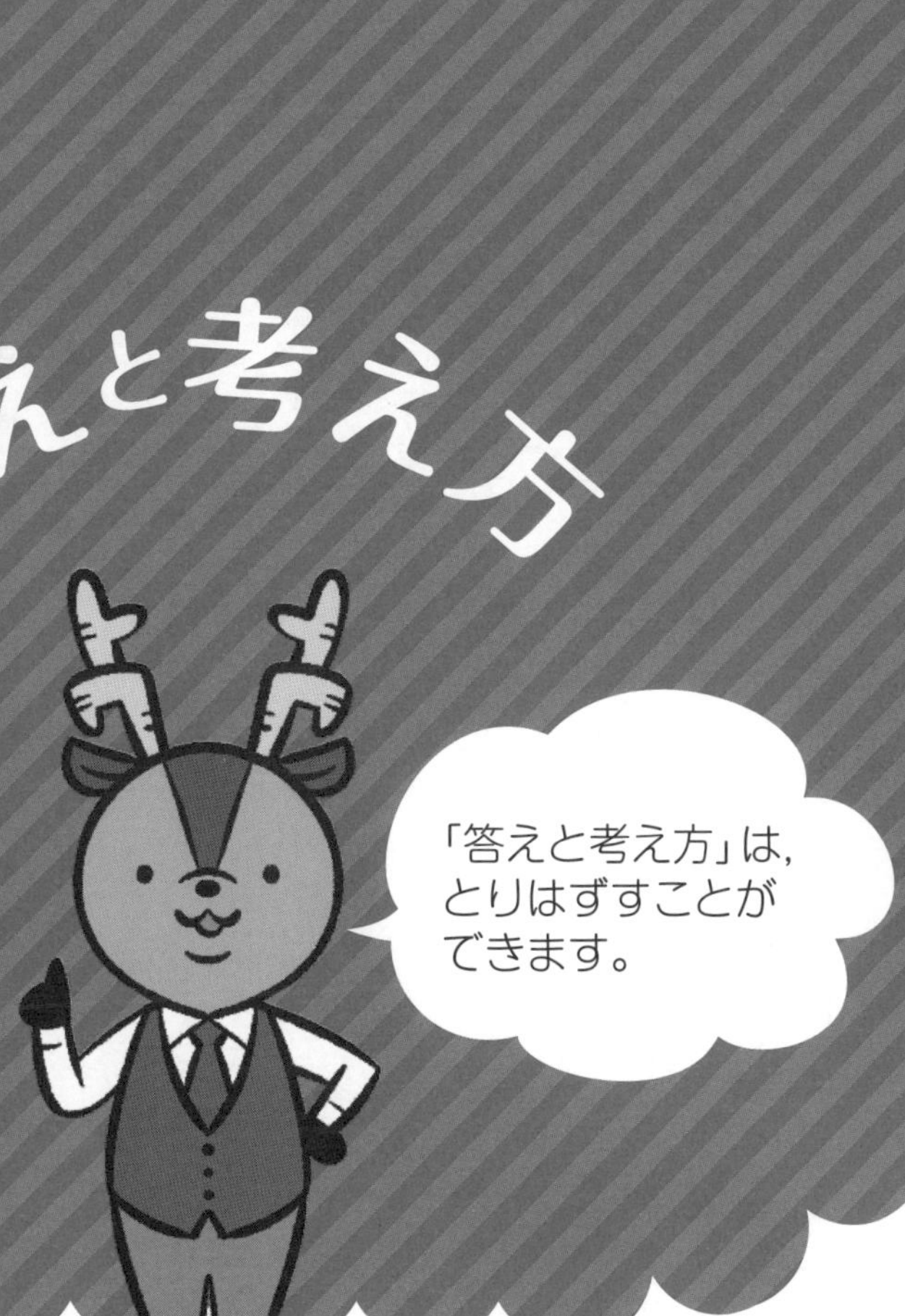

「答えと考え方」は，とりはずすことができます。

1 漢字を書こう

標準レベル＋

8・9ページ

1 (1)ひょう・おもて・あらわ(す)〔「ひょう」「おもて」は順不同〕
(2)ふ・お(う)・ま(ける)
(3)し・ゆび・さ(す)〔「し」「ゆび」は順不同〕
(4)けい・かかり・かか(る)〔「けい」「かかり」は順不同〕

2 (右から順に)(1)界・階 (2)曲・局 (3)向・港 (4)仕・使
(5)神・真 (6)央・横 (7)島・投 (8)代・題

3 (1)亅 亅 刁 氺 氷 (2)丶 亠 广 户 庀 庄 庄 庭 庭 庭 (3)ノ イ 亻 什 什 件 隹 隹 隹 進 進
(4)一 十 艹 廾 芉 芉 苷 莗 華 葉 葉 葉 (5)丨 卜 止 止 歩 歩 齿 齿 齿 歯 歯 歯
(6)丶 丷 ⺍ 业 业 业 业 丵 丵 丵 業 業 業

4 (1)11 (2)9 (3)6 (4)4 (5)9 (6)10 (7)13 (8)14 (9)9 (10)13 (11)5 (12)11 (13)10

考え方

1 どれも音を一つ、訓を二つ答えます。(4)ものの名前を表す言葉の「係」には送りがなをつけません。これは「話（はなし）」も同様です。

2 読みは同じでも、意味はちがいます。しっかり書き分けましょう。

3 (1)左上の点を最後にしてはいけません。(2)「廴」の部分は最後に書きます。(3)「隹」の部分の筆順に注意しましょう。(4)「世」の筆順にまちがいが多いので気をつけましょう。(5)「止」→「米」の順に書きます。(6)「⺍」の部分は〈中→左→右〉の順に書きます。

4 (1)「弓」の部分は三画です。(2)「廴」は三画です。(4)「一フヌ区」と書きます。(5)「癶」の筆順は「フタタ癶癶」です。(8)「氺」の部分は「水」ではありません。(10)「⻊」は「足」と同じ七画です。(12)「阝」は三画です。

ハイレベル＋＋

10・11ページ

1 (1)泳・およ-ぐ (2)暗・くら-い (3)急・いそ-ぐ (4)遊・あそ-ぶ (5)短・みじか-い (6)待・ま-つ (7)運・はこ-ぶ

2 (1)羊・洋・様・陽 (2)飲・引・員・院 (3)相・送・草・想 (4)終・集・習・州 (5)調・帳・丁・朝 (6)商・章・勝・消

3 (1)豆・号 (2)礼・湖 (3)反・式 (4)皮・有 (5)問・同 (6)母・毎 (7)申・事〔(1)～(7)それぞれ順不同〕

4 (1)世→血→医 (2)返→命→面 (3)育→客→宮 (4)取→級→祭 (5)委→乗→悲 (6)湯→鉄→鼻

考え方

1 中国語の発音がもとになった読みが「音」で、日本で生まれた読みが「訓」です。新しい漢字が出てきたら、音・訓の両方をいっしょに覚えることが大切です。

2 熟語は、音どうし、訓どうしを重ねるのがふつうです。まずは、もう一字も音で読んで熟語を考えてみましょう。例えば(1)「ヨウ毛」は、「ヨウけ」ではなく「ヨウモウ」と読めば「羊毛」にたどりつけます。(5)「手帳＝てチョウ」は例外です。）

3 (3)・(4)横画と左ばらいでは、短いほうを先に書きます。「反」は横画が先、「皮」は左ばらいが先です。「左」は横画が先、「右」は左ばらいが先です。

4 (1)「世」の青い部分は一画ですが、「世」の青い部分は一画ずつ分けて書きます。(4)「取」「祭」「級」の青い部分はどれも一画です。(5)・(6)画数の多い漢字は、部分ごとに数えてあとで合計します。例えば「悲」は「非・8画」＋「心・4画」＝12画と数えましょう。

2 漢字の組み立てをたしかめよう

標準レベル＋　12・13ページ

1 (1)かんむり　(2)あし　(3)へん　(4)つくり　(5)たれ　(6)にょう　(7)かまえ

2 (1)禾　(2)癶　(3)言　(4)氵　(5)車　(6)金　(7)糸　(8)土　(9)山　(10)亻　(11)心　(12)疒　(13)力　(14)阝　(15)辶

3 (1)あなかんむり・究　(2)れんが(れっか)・点　(3)ぎょうにんべん・役　(4)しめすへん・神　(5)そうにょう・起　(6)うかんむり・守　(7)のぶん(ぼくにょう)・放　(8)まだれ・庫

4 (1)きへん　(2)しんにょう　(3)てへん　(4)くさかんむり　(5)さんずい　(6)くにがまえ　(7)にんべん　(8)たけかんむり

考え方

1 部首の基本となる問題です。確実に覚えましょう。部首の意味を知っていれば、初めて出会う漢字でも、大まかな意味をつかめるようになります。

2 漢字は、いくつかの部分が組み合わさってできています。その中で、最も重要な意味をもつ部分が「部首」です。(1)「禾」は〈穀物〉、(2)「癶」は〈足の動作〉、(14)「阝」は〈人が集まるところ〉、(15)「辶」は〈行く・進む〉という意味をもっています。

3 「ぎょうにんべん」「うかんむり」「そうにょう」「まだれ」というように、多くの部首名には、**1**で見た言葉がふくまれています。それぞれの名前と位置を、もう一度確認しておきましょう。(2)「れんが（れっか）」は「あし」、(7)「のぶん（ぼくにょう）」は「つくり」です。

4 部首名を漢字で表すと、「木へん」「之にょう」「手へん」「草かんむり」「三水」「国がまえ」「人べん」「竹かんむり」となります。「くさかんむり」は〈植物〉を、「くにがまえ」は〈囲い〉を意味します。

ハイレベル＋＋　14・15ページ

❶ (1)終　(2)館　(3)軽　(4)福　(5)打　(6)物　(7)駅

❷ (1)ごんべん　(2)あくび　(3)もんがまえ　(4)わかんむり　(5)はつがしら　(6)りっとう　(7)ひよみのとり　(8)さんずい　(9)つきへん　(10)あしへん　(11)やまいだれ　(12)かねへん　(13)おおざと　(14)かたへん(ほうへん)　(15)ちから　(16)また

❸ (1)院・階・陽　(2)寒・宿・実　(3)昭・晴・暗　(4)息・感・意　(5)顔・頭・題〔(1)～(5)それぞれ順不同〕

❹ （意味・音の順に）(1)氵・羊　(2)扌・寺　(3)木・反　(4)巾・長　(5)心・相　(6)氵・由　(7)木・黄　(8)口・門

考え方

❶ 「へん」は漢字の左側、「つくり」は右側に位置します。「へん」を漢字で思い浮かべ、その右側に「つくり」を置きましょう。(2)「しょくへん」は「食」から一画少ない形なので注意します。(4)「しめすへん」は「示」との形のちがいを確認しておきましょう。

❷ (2)人が口を大きく開けて、あくびをしている姿がもとになっています。(4)「冖」は片仮名の「ワ」の形なので、「わかんむり」です。「家」は「うかんむり」です。(7)「さんずい」ではないので、注意が必要です。(13)「おおざと」と「こざとへん」は形がよく似ていますが、「つくり」の位置にくるのは「おおざと」です。(16)「みみへん」ではありません。

❸ (1)「こざとへん」は〈丘〉、(3)「ひへん」は〈太陽〉、(5)「おおがい」は〈頭〉を、それぞれ意味します。

❹ 意味を表す部分と、音を表す部分の組み合わせでできている漢字を、形声文字といいます。漢字の約八十パーセントが、この形声文字です。形声文字の場合、意味を表す部分が部首となります。(8)「問」は〈わからないことを口でたずねる〉という意味の字で、部首は「口」です。

3 熟語やことわざ・故事成語の意味を考えよう

標準レベル

16・17ページ

1 (1)あ路 い屋 う集 え急 お転 か所 き幸 く品
(2)あ短 い着 う勝 え去 お他 か死 き軽 く苦

2 (1)かなぐ・エ (2)むかしばなし・イ (3)むしば・イ
(4)せいれつ・ア (5)みかた・ウ (6)なかみ・イ
(7)かかりいん・エ (8)ちゃばたけ・ウ

3 (1)オ (2)ウ (3)ア (4)カ (5)イ (6)エ

4 (1)百 (2)石 (3)魚 (4)漁夫 (5)四 (6)人 (7)きつね

考え方

1 それぞれの漢字の意味をしっかりと確認しましょう。(2)きは「けいちょう」と読みます。

2 (5)「味方」の「み」は音か訓かと迷ったら、「あじ」という読み方を思い出します。基本的には、その読みだけで意味がわかるほうが訓です。

3 (2)「ちょうちん」と「つりがね」は、どちらもつり下げるもので、形は似ていますが、重さは比べものになりません。(5)「えび」のようなえさで、「たい」のような高級な魚をつったときのもうけは非常に大きいことから考えます。

4 (1)五十歩逃げた兵士が百歩逃げた兵士を笑ったが、どちらも逃げたことには変わりないという話からできた故事成語。(2)「うがつ」は「穴をあける」という意味。(3)「方法がまちがっていると、目的を達成できない」という意味です。(4)「両者が争っているすきに、第三者が利益を横取りすること」という意味です。(5)「目先のちがいに気を取られて、結果が同じことに気づかないこと」という意味です。(6)「相手より先に行動すれば、優位に立つことができる」という意味です。(7)「とら」は権力をもつ者、「きつね」はその力にたよっていばる小人物のたとえです。

ハイレベル

18・19ページ

1 (1)あ指名 い使命 (2)あ委員 い医院
(3)あ身長 い新調 (4)あ十代 い重大

2 (1)字を習う (2)国が定める (3)表の面 (4)会に入る

3 (1)不足 (2)無口 (3)非力 (4)未開

4 (1)三 (2)八 (3)三 (4)七 (5)百 (6)二 (7)百 (8)千 (9)五

5 (1)ウ (2)ア (3)イ (4)ウ

考え方

1 文をよく読んで漢字を書き分けましょう。(1)い「使命」は〈しなければならない役目〉、(3)い「新調」は〈新しくつくる〉という意味です。

2 (1)「習字」、(4)「入会」は〈下の字→上の字〉の順番で読むと意味がわかります。(2)「国定」は上の字が主語、下の字が述語となっています。(3)「表面」は上の字が、下の字の意味をくわしくしています。

3 「不・無・非・未」といった打ち消しの語は、熟語の前に置かれます。

4 (4)「人はだれでも何らかのくせをもっているものだ」という意味です。(5)(7)どちらも「幼いときの性質は年をとっても変わらない」という意味です。(9)「小さくて弱いものにもそれなりの意地があるから、あなどってはいけない」という意味です。

5 (1)矛と盾を売る人が、「この矛はどんな盾もつき通す」「この盾はどんな矛もつき通さない」と、つじつまの合わない説明をしたことからできた故事成語です。(2)中国の楚の国の武将が、漢の国の軍隊に囲まれたとき、四面（周囲）から楚の国の歌が聞こえて、自分の国の人々が敵に降参したのかと、驚きなげいたという話からできた故事成語です。(3)「竜門」は中国の黄河という川の上流にある急流で、ここを登ったこいは竜になるという伝説からできた故事成語です。(4)なえを生長させようとして、無理に引っ張り、かれさせてしまったことからできた故事成語です。多くは好ましくない場合に使います。

チャレンジテスト＋＋＋ 20・21ページ

1 (1)やね (2)ヤクヒン (3)ダイどころ (4)センロ (5)あいて (6)オウさま (7)ジぬし (8)あぶらエ (9)あおば (10)にモツ (11)ゆゲ (12)テツドウ (13)キャクま (14)セダイ

2 (1)カ・2・例助 (2)宀・3・例守 (3)广・3・例度 (4)糸・6・例終 (5)心・4・例急 (6)口・3・例号 (7)辶・3・例進

3 (1)エ (2)イ (3)カ (4)オ (5)ア

4 (1)× (2)○ (3)× (4)× (5)× (6)○

考え方

1 「屋・根・葉・荷・湯・間」のような一音の訓は、音とまちがえやすいので注意が必要です。また、「鉄・客」や「地（チ・ジ）」などには訓がありません。

2 部首とその画数がわかれば、漢字辞典の部首さくいんが使えます。

(1) 部首名は「ちから」で、同じ部首をもつ漢字にはほかに「助」「勉」などがあります。

(2) 部首名は「うかんむり」で、同じ部首をもつ漢字にはほかに「守」「実」などがあります。

(3) 部首名は「まだれ」で、同じ部首をもつ漢字にはほかに「広」「度」などがあります。

(4) 部首名は「いとへん」で、同じ部首をもつ漢字にはほかに「級」「組」などがあります。

(5) 部首名は「こころ」で、同じ部首をもつ漢字にはほかに「急」「思」などがあります。

(6) 部首名は「くち」で、同じ部首をもつ漢字にはほかに「号」「君」などがあります。部首を「禾」（のぎへん）と書かないようにしましょう。

(7) 部首名は「しんにょう（しんにゅう）」で、同じ部首をもつ漢字にはほかに「返」「送」などがあります。

3 (1) ただでさえ強い「去年ゆうしょうしたチーム」を、「名かんとく」が指導するというのですから、「強いものがますます強くなる」という意味の「おにに金棒」が当てはまります。

(2) 「ちりも積もれば山となる」は、「わずかなものでも、積もり積もれば大きなものになる」という意味のことわざです。

(3) 「暮れぬ先のちょうちん」は、まだ日が暮れないのにちょうちんを用意することから、「必要がないのに手回しがよい」という意味を表します。

(4) 「灯台もと暗し」は、灯台のすぐ下が暗いように、「身近なことはかえってわかりにくい」という意味を表します。この場合の「灯台」とは、みさきに立っているとうのような建物のことではなく、昔の室内用の照明器具のことです。

(5) 「たなからぼたもち」は、「思いがけない幸運がまいこむこと」という意味です。たなから落ちてきたぼたもちが、開いていた口にちょうど収まったことからできたことわざです。

4 (1) 「圧巻」は、「全体の中で最もすぐれた部分」という意味です。「あまり上手ではなくて」とあるので、正しい使い方ではありません。

(2) 「蛇足」は、「よけいな付け足し」という意味です。自分が説明を付け加えることについてけんそんして話しているので、正しい使い方です。

(3) 「推敲」は、「詩や文章の字句を何度も練り直すこと」という意味なので、食材を選ぶようなときには使えません。

(4) 「ずさん」は、「いい加減なこと」という意味です。「何事もきっちりしないと気がすまない」とあるので、正しい使い方ではありません。

(5) 「他山の石」は、「自分のことを反省したり人格をみがいたりするときに役立つ、他人のよくない言動や出来事」という意味です。先生のありがたい言葉に使うのは正しくありません。

(6) 「背水の陣」は、「一歩も退くことができないという絶体絶命の立場で事にあたること」という意味です。

4 正しく書こう〈言葉のきまり①〉

標準レベル＋　22・23ページ

1 (1)ア (2)イ (3)ア

2 (5)・(7)・(8)・(11)・(14)・(17)・(18)・(20)・(21)・(22)・(24)

3 (1)当たる (2)大きい (3)晴れる (4)食べる (5)走る (6)生きる
(7)遠い (8)行う (9)歌う (10)交じる(混じる) (11)分ける (12)回る
(13)学ぶ (14)教える (15)広がる (16)歩む (17)弱い (18)細かい

4 (1)近かくの→近くの・ごぼうお→ごぼうを
(2)曲った→曲がった・すりきづを→すりきずを
(3)こうる→こおる・入いった→入った〔(1)〜(3)それぞれ順不同〕

考え方

1 句読点のほかによく使われる符号の使い方を確認する問題です。この単元では、符号の意味を確認したり、正しいかなづかいや送りがなのつけ方を学んだりします。(3)「……」は、言葉を省略するときに使われます。会話文中で使われる場合には無言や沈黙を表したり、詩などでは文末で余韻を残す効果を出したりします。省略された部分に意味が込められていることが多いので、文章読解の問題では注意が必要です。

2 正しいかなづかいの言葉を見分ける問題です。(5)「ふくろ」＋「つめる」なので、「ふくろづめ」になります。(20)オ段の長音には「う」をつけることが多いですが、「おおかみ（狼）」は特別な書き方をします。

3 正しい送りがなのつけ方を確認する問題です。送りがなだけでなく、漢字の書きまちがいにも注意しましょう。

4 正しいかなづかいや送りがなを見分ける問題です。(3)「こおる（凍る）」は「おおかみ」と同様に特別な書き方をします。

ハイレベル＋＋　24・25ページ

1 (1)× (2)× (3)○ (4)○ (5)× (6)○

2 (1)あ開ける い開く (2)あ着せる い着ける
(3)あ重ねる い重い (4)あ明ける い明らか う明るい

3 (上から順に)(1)ず・づ (2)じ・ぢ (3)お・う・を (4)い・え・へ

4 (1)流れ出す (2)書き表す (3)言い直す
(4)取り調べる (5)聞き苦しい (6)切り落とす
(7)走り始める (8)持ち上げる (9)向かい合わせ

考え方

1 符号が正しく使われているかを確認する問題です。(1)引用文の文末にも句点をつけます。(2)『』と「」の使い方が逆になっています。(5)文房具の種類を挙げるために（）を使っているので、「文ぼう具（えん筆・消しゴム・ものさし）」が正しい使い方です。

2 一つの漢字に複数の訓がある場合の、それぞれの送りがなのつけ方を確認する問題です。(1)あ「開ける」は、〈閉じていたものをひらく〉という意味です。(2)い「付ける」とのちがいに気をつけましょう。「着衣」「着用」といった熟語で考えてみるとわかりやすくなります。(4)あ「明ける」は、〈新しく始まる〉という意味です。

3 正しいかなづかいを見分ける問題です。(1)「つづける」、(2)「ちぢんで」は、同音の連続になっています。(3)「種を飛ばす」、(4)「ホームへおりてきました」の「を」「へ」はほかの言葉のあとにつく言葉です。

4 二つの単語が結びついて一つの単語になったものを、複合語といいます。この複合語で、正しい送りがなのつけ方を確認する問題です。どの問題も二つずつきちんと漢字に直さなければなりません。(5)「聞き苦しい」は「ききぐるしい」と読みます。「苦い」と送りがながついたときは「にがーい」と読むので注意しましょう。

5 注意して書こう〈言葉のきまり②〉

標準レベル

26・27ページ

1 (1)立ちます　(2)雨でしょう　(3)読みました　(4)出発しましょう　(5)帰りません　(6)食べますか　(7)おどりませんか

2 (1)はさみで紙を切った。
(2)妹より(も)わたしのほうが、ピアノがうまい。
(3)大雨にふられたので(から)、シャツもズボンもずぶぬれだ。
(4)この分だと、今夜は雪になりそうだ。
(5)わたしは父によばれて二階へ行った。

3 (1)おっしゃる　(2)申しあげる　(3)いらっしゃる　(4)参る　(5)ごらんになる　(6)はいけんする　(7)めしあがる　(8)いただく　(9)くださる　(10)差しあげる　(11)なさる　(12)いたす

4 (1)まるで　(2)たぶん　(3)もし　(4)決して　(5)ぜひ　(6)なぜ

考え方

1 丁寧語の使い方を確かめる問題です。「です・ます」、あるいはこれらの言葉が変化したものが使われていることを確認しましょう。

2 正しい言葉づかいを確かめる問題です。文意に合った言葉を使いましょう。(3)原因・理由を表す「ので」「から」を使います。「シャツも」に合わせて「ズボンも」となります。(4)「ようだ」は言い切りの形の「なる」に続けることはできますが、「なり」には続けられません。「なり」に続けるには、「そうだ」を使います。

3 特別な言葉を使った敬語表現を確かめる問題です。(3)「いらっしゃる」、(4)「参る」は、「行く」の敬語表現にも使われます。

4 言葉の呼応に関する問題です。(1)はたとえ、(2)は推量、(3)は仮定条件、(4)は打ち消し、(5)は願望、(6)は疑問の表現と呼応する言葉を選びます。

ハイレベル

28・29ページ

1 (1)例 午前六時に目が覚める。
(2)例 公園にたくさんの人が集まる。
(3)例 赤ちゃんがお母さんにだかれる。
(4)例 山本さんがみんなにほめられた。

2 (1)ア　(2)イ　(3)ウ　(4)イ

3 (1)例 動かせない　(2)例 まちがっていると思います　(3)例 ねぼうをするからだ　(4)例 けがをするやら　(5)例 知っている

4 (1)例 めしあがって　(2)例 参ります　(3)例 ごらんになりました　(4)例 おっしゃる　(5)例 くださった　(6)例 いたします

考え方

1 主語を変える問題です。(1)「目が午前六時に覚める。」のように、語順がちがっていても、意味が通っていれば正解です。(2)は「公園にたくさんの人が集められる。」という言い方にしても正解です。

2 敬語表現について確認する問題です。(2)・(3)自分の身内には敬語を使わないように注意しましょう。(4)年下でも、自分の知っている人ではない場合や相手と親しくない場合には、敬語を使うようにしましょう。年齢だけでなく親しさも、敬語を使うときに基準となることを意識する必要があります。

3 主語・述語の対応、言葉の呼応の誤りなど、文のねじれを見分ける問題です。どの言葉どうしが対応しているのかを、しっかり理解しましょう。(4)「……やら……やら」という言い方になります。(5)「多少」は、〈いくらか・少し〉という意味で、打ち消しの言葉が続くと意味が不自然になります。

4 敬語の正しい使い方を確かめる問題です。相手を直接敬う尊敬語と、自分がへりくだることによって相手を敬う謙譲語の使い分けができるようにしましょう。

6 整理して書こう〈答え方のきまり〉

標準レベル

30・31ページ

1 (1)例ぼくは起きたらまず、歯をみがきます。

(2)例八月三日に、わたしは家族と海へ行きました。

2 ①例どこへ遊びに行きましたか。

②例なぜ田中さんの家まで歩いて行ったのですか。

③例田中さんの家でどんなことをしましたか。

3 (1)(今年の)節分の日　(2)はるな(さん)と弟〔順不同〕

(3)雪合戦・雪だるま

(4)お父さん・豆まき　(5)例追いかけられて・例から

考え方

1 この単元では、文章に書かれた内容の基本的なとらえ方や、記述式の問題の答え方について正しく理解できるようにします。絵に描かれた場面を見て、「いつ」「どこで」「だれが」「何を」「なぜ」「どのように」の5W1Hをとらえる問題です。(1)「起きたらまず、ぼくは歯をみがきます。」、(2)「家族といっしょに、わたしは八月三日に海へ遊びに行きました。」など、語順がちがっていても、意味が通っていれば正解です。

2 疑問文をつくることで、5W1Hについて確認する問題です。②末尾が「……ため」となっているので、原因・理由を問う「なぜ」という言葉を使います。③「クッキーを食べたりおしゃべりをしたり」は田中さんの家でしたことなので、「何をしましたか」といったきき方をします。

3 5W1Hに注意しながら文章を読んで、重要語句が何かをとらえ、それを使った記述の基本について確認する問題です。(1)設問に「いつの日」とあることに注意しましょう。「今年の冬」、「お昼ごろ」などでは不正解です。(5)「なぜ」と問われているので、解答の文末に原因・理由を表す「……から」「……ので」「……ため」を使って、まとめます。

ハイレベル

32・33ページ

1 (1)梅雨・例電車の中のかさのわすれ物・例多くなること

(2)・例毎日のように天気が悪く、かさを持ち歩く機会が多くなるから

・例わすれたことに気づいても、取りにもどらない人がふえているから

(3)例長いかさを手に持つ・例折りたたみのかさをかばんの中に入れること

2 (1)例ようち園のころ、生のままかじった玉ねぎがあまりにまずかったので、玉ねぎは食べ物ではないと思うようになったから。

(2)例なんだか落ち着かない気持ち。

(3)例大好物のチャーハンを食べられたから。(18字)

(4)例チャーハンを食べただけなのに、玉ねぎが食べられるようになったと母に言われたこと。

考え方

1 長い文章を読んで、きちんと内容がつかめているか確かめる問題です。(1)「いつ」、「何が」、「どうなる」かを読み取ります。(2)理由を問われているので、文末を「……から」「……ので」などで結びます。(3)「どんなこと」ときかれているので、「……こと」でまとめましょう。

2 (1)前半できらいになった原因を、後半で「わたし」の思いをまとめます。6行目の「……と思うようになりました」に着目しましょう。(2)気持ちを表す言葉に注意するのが、物語文の読解の基本です。文末は「……気持ち」で結びましょう。(3)「チャーハンはわたしの大好物です。」「ああ、おいしかったあ。」を手がかりにしてまとめます。「チャーハンがおいしかったから。」などでも正解です。字数指定があるときは、特別な指示がない限り、句読点も一字と数えます。(4)大好物を食べただけなのに、大きらいな玉ねぎを食べられるようになったと言われた、という食いちがいをとらえます。

チャレンジテスト

34・35ページ

1

(1) ある日の昼休みのことでした。

(2) 同なじ→同じ・かぎってわ→かぎっては（順不同）

(3) 例 給食を食べ終わって急いでかけこんでくる人がいたり、次のじゅぎょうにそなえてあわてて出ていく人がいたりするから。

(4) 例 ふだんはおとなしくて口数が少ないあやのさんが、強い口調で上級生に注意をしたこと。

(5) イ

(6) わたしははらはらしながら、立っているあやのさんを見上げていました。

(7) ウ

(8) 例 わたしに必要なのは、いけないことはいけないと言える勇気をもつことだ

考え方

1 長い文章を読みながら、2章で学んだことを確認していきましょう。

(1) この文章は敬体（「です・ます」調）で書かれていますが、――線①だけ常体（「だ・である」調）になっています。ほかの文の文末に合わせて、「……でした」と書き直しましょう。過去のことを表す言い方にすることも忘れないようにしましょう。

(2) 送りがながまちがっているのは「同なじ」の部分です。かなづかいがまちがっているのは「かぎってわ」の部分です。「かぎっては」は「かぎって＋は」と分けられ、この「は」は、ほかの言葉のあとにつく言葉なので、「わ」と書いてはいけません。

(3) 直前にある「……たり、……たり」という表現に着目します。これは、いくつかの事柄を並べるときに用いられる言い方です。「給食を食べ終わって急いでかけこんでくる人がいる」「次のじゅぎょうにそなえてあわてて出ていく人がいる」という二つの理由を入れて書きましょう。文末は「……から」「……ので」「……ため」としましょう。

(4) 直前にある「あやのさんの意外な行動」の内容を読み取ります。それは、上級生に強い口調で注意をしたことです。設問に「あやのさんのせいかくもわかるように」とあるので、「ふだんはおとなしくて口数が少ないあやのさんが……」のようにまとめます。「どんなことに」ときかれているので、「……こと」とまとめましょう。

(5) 空欄のあとに「こおりついたように」とあることに着目します。「まるで……ように」は、あるものを別のものにたとえる言い方です（「まるで」が省略される場合もあります）。

(6) 「はらはらしながら立っている」と続けると、あやのさんがはらはらしているように読み取れてしまいます。あやのさんがはらはらしていることをはっきりさせる場合は、「わたしは、はらはらしながら立っているあやのさんを見上げていました。」とします。

(7) 「言う」の尊敬語は「おっしゃる」です。「おっしゃる」に尊敬を表す「れる」をつけたイの言い方は、敬語の使いすぎなので、正しくない表現です。

(8) 「わたしに必要なのは」という部分に対応させて、「もとう」の部分を「……ことだ」の形にしましょう。また、「わたしに必要なのは、いけないことはいけないと言える勇気だ」「わたしには、いけないことはいけないと言える勇気をもつことが必要だ」「わたしは、いけないことはいけないと言える勇気をもつ必要がある」としても正解です。

7 文の組み立てに注意しよう

標準レベル ＋ 36・37ページ

1 (1)（主語）シーツが （述語）ゆれる
(2)（主語）中身は （述語）コップだった
(3)（主語）わたしも （述語）おどろいた
(4)（主語）雨が （述語）やむだろう
(5)（主語）冬こそ （述語）季節だ

2 イ・エ・オ・ク〔順不同〕

3 (1)イ・オ (2)エ・ク (3)ア・キ (4)ウ・カ〔(1)〜(4)それぞれ順不同〕

4 (1)(あ)いちょうの (い)地面に (う)葉が (え)落ちる
(2)(あ)子どもの (い)さるが (う)もらう (え)しいく員に (お)えさを〔(え)・(お)順不同〕

考え方

1 文の主語と述語を答えるときには、文全体の主語と述語を答えるようにします。(3)「わたしも」、(5)「冬こそ」のように、「……は」「……が」以外の形となる主語もあります。また、(3)「ホームランには」、(4)「朝は」、(5)「なべ料理が」を主語とまちがえないように注意しましょう。

2 ――線と〜〜線の言葉を続けて読んで、意味が通るかどうか確かめましょう。ア「春に」は「生まれた」を、ウ「正しい」は「答えを」を、カ「公園に」は「行った」を、キ「くつの」は「ひもを」をくわしくしています。

3 文の基本形を理解する問題です。述語が動きを表す言葉なら(1)、様子を表す言葉なら(2)、ものの名前を表す言葉＋「だ」なら(3)、「ある（いる・ない）」なら(4)です。

4 述語→主語→修飾語の順に考えましょう。(2)「しいく員に」「えさを」は、どちらも(う)「もらう」をくわしくしています。

ハイレベル ＋＋ 38・39ページ

1 (1)△ (2)○ (3)× (4)△ (5)× (6)△ (7)○

2 (1)カーテンを (2)ぼくに・お年玉を (3)赤い・小さな (4)太った (5)日なたに・植木ばちを (6)日曜日・かなちゃんと・博物館に〔(2)・(3)・(5)・(6)それぞれ順不同〕

3 (1)(あ)地しんで (い)ゆかに (う)花びんが (え)落ちた (お)こうかな〔(あ)・(い)順不同〕
(2)(あ)校庭を (い)かいた (う)絵が (え)かざられる (お)校長室の (か)かべに

4 (1)ア・ウ・エ〔順不同〕 (2)（主語）ウ （述語）ク (3)オ

考え方

1 (1)述語「あらった」に対する主語がありません。(3)「（どこへ）行った」などの述語が省略されています。(4)述語「見かけた」に対する、「わたしは」などの主語が省略されています。(5)「いませんか」などの述語が省略されています。(6)「あなたは」などの主語が省略されています。(7)「テストは」が主語で、「むずかしいね」が述語です。主語・述語の順序が逆の、倒置の文になっています。普通の語順に直して考えましょう。

2 (1)「二階の」は「カーテンを」を、(4)「道ばたで」は「して いる」を、(5)「ハーブの」は「植木ばちを」を、それぞれくわしくしています。(6)「日曜日」は――線と離れているので注意しましょう。

3 (2)言葉がたくさんあるので、矢印の方向などに注意して答えましょう。初めに述語、次に主語を探すとよいでしょう。

4 (2)一文の中に主語・述語の関係が二組ありますが、文全体の主語・述語は「おばあさんが―言いました」です。「子どもたちも―するんだねえと」は、おばあさんの言葉の中にあり、部分の主語・述語にすぎません。

8 文のつながりに注意しよう

標準レベル＋

40・41ページ

1 (1)バーコード (2)商品の名前・作った会社の名前〔順不同〕 (3)イ
(4)例商品があと三つしかない。だから、新しく仕入れよう。

2 (1)ウ
(2)例体がほねにたくわえられたカルシウムをとかす
(3)例カルシウム不足でほねのカルシウムがとけてしまいます。すると、ほねは折れやすくなります。
(4)ウ (5)ア

考え方

1 (1) こそあど言葉の指す内容は、こそあど言葉より前から探すのが基本です。〈レジの人が機械で読み取るものは何か〉と考えながら探しましょう。

(2) 「これら」「それら」などは複数のものを指すときに使われるこそあど言葉です。「……の名前」として二つ挙げられているものをとらえます。

(3) バーコードについて、「ねだんのじょうほう」はバーコードには入っていないことを補足しているので、「ただし」が入ります。

(4) 「ので」は理由を表すので、「だから」などを使って答えましょう。

2 (1) 直前の「カルシウム」を指すので、「この」が入ります。

(2) 直前の「体はほねにたくわえられたカルシウムをとかしてしまいます」に着目しましょう。

(3) 「……とけてしまう」までを一文にして、「すると」などでつなぎます。

(4) カルシウムと並べて、ほねや歯を作るほかの成分を挙げているので、「また」が入ります。

(5) ほねや歯を作るにはいろいろな成分が必要だという説明を受けてまとめているので、「つまり」が適切です。

ハイレベル＋＋

42・43ページ

1 (1)ア (2)例道具を使っている生き物（11字） (3)ウ (4)そこ（ここ・それ・これ） (5)ウ
(6)例ほかにもオランウータンは、小えだで体をかきます。また、大きな葉で体をおおいます。
(7)例水面に落としたこん虫や小えだ。（15字）
(8)ア

考え方

1 (1) 「しかし」「ところが」「だが」などは、前の内容と反対の内容を述べるときに使うつなぎ言葉です。

(2) 直前の「いろいろな生き物が道具を使っている」に着目して、「……の例。」につながるようにまとめましょう。

(3) 食べ物をとるために道具を使っている生き物の例として、フサオマキザルを挙げているので、「たとえば」が入ります。

(4) 場所を指すこそあど言葉の「そこ」や「ここ」などが入ります。

(5) 「また」のほか、「しかも」「それに」なども、前の事柄にあとの事柄を付け加える働きをするつなぎ言葉です。

(6) 「……たり、……たり」という書き方は、二つの事柄を並立させるときに使われます。したがって、「また」などのつなぎ言葉を使います。二文に分けたときは、「……たり、……たり」の表現は使いません。

(7) こそあど言葉が指す内容を問う問題は、入試も含めて、テストでよく出ます。どんな「こん虫や小えだ」か、説明を補ってまとめましょう。

(8) 「このように」「こうして」などは、広い範囲の内容をまとめるときにも使われます。直後の「生き物は生きていくために、いろいろなちえを身につけている」に着目して、その例が書かれているのはどこからどこまでかをとらえましょう。

9 段落のつながりに注意しよう

標準レベル＋　44・45ページ

1 (1)あ 昔はお　い しかし　(2)あ ア　い ウ　う イ　(3)ウ

2 (1)ウ　(2)ウ　(3)あ [2]・[3]　い [4]・[5]〔あ・いそれぞれ順不同〕　(4)[6]

考え方

1 (1) 3行目「それはなぜなのでしょうか。」という疑問に対する答えとして、昔のお札と今使われているお札という二つの話をしています。「昔」「今」という言葉や、「また」「しかし」「そこで」といったつなぎ言葉に着目して、どこが切れ目になるかを考えましょう。

(2) (1)で分けたまとまりを参考にして、それぞれのまとまりのキーワードをとらえましょう。最初の二つで昔の話を、最後で今の話をしています。

(3) 昔のお札の人物にひげやしわがえがかれた理由、最新技術による現在のにせ札防止策によってお札の人物のひげやしわがなくてもよくなったことを述べています。

2 (1) [6]にあるように、マラソンという競技が生まれた背景を説明した文章です。アは、[3]の内容を説明しているだけなので不正解です。

(2) 説明的な文章では、これからどんな話をするか、文章の冒頭で話題を提示するのが、一般的な構成です。

(3) それぞれ二つの段落が当てはまります。このように形式段落を意味ごとのまとまりに分けたものを、意味段落といいます。

(4) 「意外な事実がわかっておもしろい」というのが、筆者の感想や考えに当たります。このように、説明してきた内容について最後に筆者が考えを述べるというのも、説明的な文章によく見られる構成です。

ハイレベル＋＋　46・47ページ

1 (1)トイレでおしりをキレイにするやりかた
(2)[例] 左手はおしりを洗うときに使うから。(17字)
(3)[例] 水のかわりに砂をこすりつけて洗うやりかた。
[別解] (「)砂洗い方式(」)
(4)冬が寒い　(5)ウ　(6)ア　(7)イ
(8)[例] 使うのは水だけだからエコロジーでもあるところ。

考え方

1 (1) この文章の話題は[1]に書かれています。

(2) 直前の文に「左手で肛門を……洗う」とあります。左手はおしりを洗うときに使うので、左手を使って食べることは上品ではないのです。

(3) 「これ」は、直前の「水のかわりに砂をこすりつけて洗う」ことを指しています。文末は「……やりかた」「……方式」「……方法」などとしましょう。12行目の「砂洗い方式」を書きぬいてもかまいません。

(4) 「おしりを紙でふく方法」は「冬が寒い地域」に広がっています。

(5) 「ところで」というつなぎ言葉で始まっていることに注目します。「トイレでおしりをキレイにするやりかた」とは話題が変わっています。

(6) 直前の「トイレじたいがない地域」の具体例を、空欄のあとで挙げているので、「たとえば」が当てはまります。

(7) [1]で話題を提示し、[2]・[3]と[4]でそれぞれ「トイレでおしりをキレイにするやりかた」を説明し、[5]・[6]でトイレがない地域のことを補足し、[7]で全体のまとめとしています。

(8) 最後の一文に「しかも使うのは水だけだからエコロジーでもある。」とあります。「水しか使わないのでエコロジー」だということが書けていれば正解です。「どんなところ」ときかれているので、文末を「……ところ」としましょう。

チャレンジテスト +++

48・49ページ

1

(1) イ
(2) これが、「
(3) ア
(4) ゆにゅう品で・大きく〔順不同〕
(5) ウ
(6) 例 学校給食に地元でとれた食材を使おうという取り組み。
(7) 5
(8) ウ

考え方

1 (1) ――線①と②の間に「そこで」というつなぎ言葉があることに着目します。「そこで」は、前に述べた事柄の結果となる事柄を、あとに述べるときに使うつなぎ言葉です。「米とみそしる、つけもの」という食事では「塩分のとりすぎで、病気の原いんにな」るので、「……食生活を改めようとし」たという結果が述べられています。

(2) 1で「あなたは『地産地消』という言葉を知っていますか。」と話題を提示しています。そして、2の最後で「これが、『地産地消』という言葉が使われ始めた理由です。」と述べているので、2では「『地産地消』という言葉が使われ始めた理由」を説明しているとわかります。答えを書きぬく問題では、特別な指示がない限り、「 」や句読点も一字と数えることに注意しましょう。

(3) 段落の話題をつかむには、まずは、手がかりとなるキーワードを探します。最初の一文か最後の一文で話題や要点がまとめられていることが多いので、これらに着目するとよいでしょう。3の最初の一文では、外国から安い農産物が入ってきて、「国産の農産物にたよらない食生活」が生まれたことが書かれています。また、最後の一文には、日本人の食生活が大きく変わったことが書かれています。

(4) ――線③の述語は「変わりました」です。これをくわしくする言葉を探しましょう。「日本人の」は「食生活は」をくわしくし、「食生活は」は主語になっています。

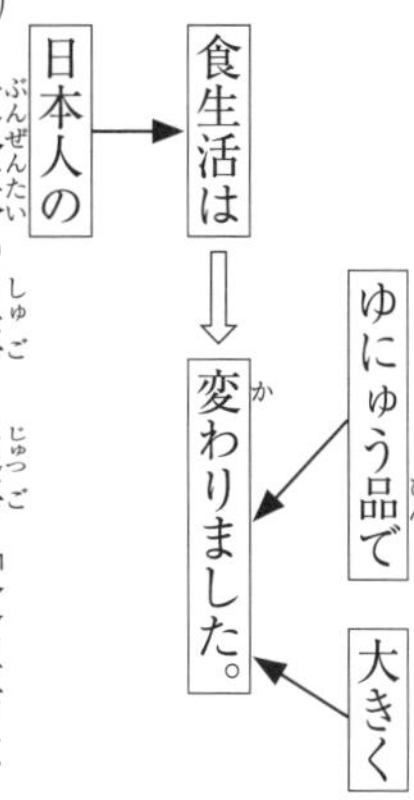

日本人の
食生活は
変わりました。
ゆにゅう品で
大きく

(5) 文全体の主語と述語「食生活は―見直されるでしょう」に着目して、同じ関係になるものをとらえます。アは「何が（は）―どんなだ。」、イは「何が（は）―何だ。」、ウは「何が（は）―どうする。」という関係なので、ウが正解です。

(6) すぐ前の一文から、「これ」に置きかえて文意が通る言葉を探します。「『地産地消』の一例」では、文意が通らないので不十分です。

(7) 5に「『地産地消』は、省エネにもなる」「味が最もよい季節に、新せんなものを食べられます」「農産物を作っている人の顔が見えて、買う側も安心です。」などとあり、「地産地消」のいいところが具体的に挙げられています。

(8) 1は(2)で見たように話題の提示で、2は1を受けて、話題に関する具体的な説明となっています。3・4で農産物の輸入による食生活の変化について説明したあと、5・6で利点や取り組みなど、「地産地消」の具体的な説明にもどり、7でまとめています。したがって、ウが正解です。

10 気持ちの変化やせいかくをつかもう

標準レベル＋ 50・51ページ

1
(1)イ・エ
(2)例五年生の選手がバトンをおとした
(3)あア　いまっ赤・（大つぶの）なみだ
(4)ウ
(5)イ

考え方

1 (1) 二段落目「ぜったい一等になるんだとはりきっていた」、三段落目「きょうだって……一等になれた」から、練習通りに走れば一等をとれるはずだ、絶対に一等になるぞと、さきえが思っているとわかります。

(2)「きょうだって、五年生の選手がバトンをおとしさえしなければ」に着目します。

(3) あ――線②の直前の「バトンをおとしたことなんか、わすれてしまったようなえがお」に、さきえは「はらを立てた」のです。い「あんたのせいよ。」と言われた五年生の子の様子は、「五年生の子は……」から始まる段落に書かれています。

(4) 直前の「（どうして、なんで……）／さきえは心の中でこうぎしました。」に着目します。「あきれたような、せめるようなまなざしにかこまれて」、自分のいら立ちを爆発させられず、ぐっと耐えているさきえの気持ちが、「にぎりしめたこぶし」に表れています。このように、登場人物の様子や態度に表れた気持ちをとらえることが、物語文では重要です。

(5) 一等になれなかったことをとてもくやしがり、バトンを落とした子を責めるところから、「負けずぎらい」なさきえの性格が伝わってきます。

！注意する言葉　ほこらしい・うつむく・こうぎ

ハイレベル＋＋ 52・53ページ

1
(1)あ例サイクリング車を買ってほしいということ。　いア
(2)あア進・健太・幸一〔順不同〕　イ例サイクリングに出かけること。
いイ
(3)例サイクリング車を持っていないから。
(4)ひっこみ思案・気の弱い〔順不同〕

考え方

1 (1) あ――線①までの、話の流れをとらえます。「わけを話せば、サイクリング車を買ってもらえるかもしれない」けれど、お金がかかるので、「いいだせ」ないのです。「サイクリング車」ではなく「自転車」と書いた答えでは不十分です。い「サイクリング車は安くはない。」と、洋平がお金の心配をしていることに着目します。

(2) この文章は、「『連休に、……遊びにいこうよ』」（20行目）という幸一の言葉から、「……待ちのぞんでいたのである。」（38行目）までが、過去を回想した場面になっています。こうした文章では、場面をしっかりととらえ、登場人物がどの時点でどんな気持ちになっているかをおさえることが大切です。
あア「きみと進と健太と、そしてぼく」（25行目）という幸一の言葉に着目します。イ「しかし、サイクリングに出かけることが決まったいま」（40行目）という、現在の場面にもどったことがわかる部分に着目します。い幸一に誘われて、「胸がわくわくしている」（35行目）ことから、「よろこび」が伝わってきます。

(3) 「サイクリングに出かけることが決まっ」て、洋平は「後悔」しています。それは、(1)で確認したように、サイクリング車を持っていないからです。

(4) 「買ってもらえそうにない」という内容を付け加えていても正解です。「ひっこみ思案」「気の弱い」どちらも、内気な性格を表す言葉です。答えを書きぬく問題なので、「気が弱い」と答えた場合は不正解です。

11 場面分けをつかもう

標準レベル＋

54・55ページ

1 (1) 例 源じいさんの家にあまりいくな
(2) ウ
(3) くらしのめんどう・こうかい
(4) イ
(5) 校庭

考え方

1 (1) ――線①のあとで「帰ったら、みんなに、あまりいくなっていってくれ」と言っていることに着目しましょう。

(2) 前の「たったひとりで呼びつけられた同級生は、泣きだしそうになりました。」と「あまりききめがあったので」に着目します。同級生が非常につらそうにしていることや、「野菜をもっていくんだぞ」と自分たちのことを大げさに言ってしまい、「ぼくら」は後ろめたくなったのです。

(3) 同級生に大げさに言いすぎたことを「こうかい」して、「しばらくのあいだ」「思い思いの野菜や花を、ぶらさげて」いったことをおさえましょう。「ぼくら」は、たまに野菜を持っていっただけなのを、「源じいさんのくらしのめんどうをみてやっていたみたい」に大げさに、同級生に話しています。

(4) ――線④は、直前の源じいさんの言葉に対する「ぼくら」の反応です。町の子が来なくなって首をかしげる源じいさんに、その原因は自分たちにあると言えずに心苦しく思う、「ぼくら」の気持ちをとらえましょう。

(5) 場面分けでは、場所や時間、登場人物の変化に着目するのが基本です。前半では、「ぼくら」が、同級生を呼びつけて、源じいさんの家にあまり行かないように言っていますが、これは、1～2行目にあるように「校庭」での場面です。

ハイレベル＋＋

56・57ページ

1 (1) 例 鶏が卵を生むところ。(10字)
(2) ウ
(3) 例 竹でっぽうで町の子にけがをさせるかもしれないので、あぶないから。
(4) ア
(5) ウ
(6) 源じいさんの、か
(7) 帰りみ

考え方

1 (1) 少しあとの「鶏小屋の前でした」や、源じいさんが「卵を生むぞ。」と言っていることに着目します。文末を「……ところ」としましょう。

(2) 「いきをつめる」は、「息をするのをおさえ、じっとする」という意味です。

(3) 直後の「どうして……。」に対する、源じいさんの言葉に着目します。源じいさんは、竹でっぽうが町の子との間で使われることを危ぶんだのです。「町の子にけがをさせるかもしれない」という内容が書けていれば正解です。文末を「……から」「……ので」などとしましょう。

(4) 直前の「さっきのうそなんか、とうに見やぶられていたにちがいありません」に着目します。「ぼくら」は、源じいさんにうそがばれていたと知って、恥ずかしくて源じいさんの目をまともに見られないのです。

(5) 「ぼくら」の気持ちがわかる言葉を、文章中から探しましょう。「うなだれて」いた「ぼくら」は、「つみをゆるされたような気持ちになり」、最後には「大はしゃぎ」しています。

(6) 「あたたかい大きな」という表現が、手の様子だけでなく、「ぼくら」を優しく包み込む源じいさんの人柄も表していることをおさえましょう。

(7) 源じいさんの家から、「帰りみち」へと場面が移り変わることに着目します。「大きく二つに分ける」ので、「鶏小屋の前」と「土間」の場面は、源じいさんの家として一つと考えます。

! 注意する言葉 見やぶる・うなだれる・はしゃぐ

12 主題をつかもう

標準レベル＋　58・59ページ

1 (1)ウ　(2)ア
(3)あ6　いア
う例くすりやさんが、母ちゃんにつらい思いをさせた
(4)ウ

考え方

1 (1)「母ちゃん」は、――線①の直後だけでなく、くすりやさんが帰ったあとでも「大きな溜息をつい」て悩んでいます。何に悩んでいるのか、「言いづらそうに声をかけた」（16行目）や「お金が工面できんがです」（19行目）といった、「母ちゃん」の様子や言葉に着目してとらえましょう。

(2)「母ちゃん」がくすりやさんにお金をはらえないことを伝えた場面であることから考えます。「困ったような、考えているような顔」で「どうしたものか」と考えていたくすりやさんは、営業用の笑顔にもどって、お金を「用意してもらえますか」と伝えています。笑顔の裏に、「必ずはらってもらいたい」という強い意志が読み取れます。

(3)あ「こんちは！」と言ってやってきた、「大きな黒い風呂敷に包んだ荷物を背負った男」が、くすりやさんです。い「オラは、くすりやさんのくれる紙ふうせんが大好きだった。」（4行目）、「くすりやさんがきらいになった。」（29行目）という、「オラ」の気持ちに着目します。う「くすりやさんが、母ちゃんを悪いことでもしたような気持ちにさせた」といった答えでも正解です。

(4)(1)や(3)で確認したように、「母ちゃん」は、薬の代金をはらうことができずに困っています。そんな「母ちゃん」の姿を見て、「オラ」は「くすりやさんがきらいになった。」とあることから、苦しむ「母ちゃん」の様子に胸を痛める「オラ」の思いが伝わってきます。

ハイレベル＋＋　60・61ページ

1 (1)例足もとでねむっている人たちを、じぶんが、守ってあげなければならないという(ような)気持ち。
(2)あ(おさげのかみの)女学生
い例かあさんの名をよびつづけるぼうやを、ほうっておけないという気持ち。
(3)イ
(4)例せんそうでつらい思いをした女学生とぼうやが、かわいそうでたまらないという気持ち。
(5)ウ

考え方

1 (1)直後の「くすのきは、……というような、きもちでした。」に着目します。「足もとでねむっている人たちを」という内容を落とさないようにしましょう。文末は「……気持ち」か、気持ちを表す言葉にします。

(2)あすぐあとに「ぼうやをだいて……おさげのかみの女学生でした。」とあります。い「かあさんの名を、よびつづけるぼうやを、ほっておけなかったのです。」に着目しましょう。気持ちの部分は、「元気づけてあげたい」や「かわいそう」といった答えでも正解です。「かあさんの名をよびつづける」という内容も入れてまとめましょう。

(3)母親を呼び続けるぼうやの姿に、女学生は、ぼうやの母親になった気持ちで「ここに、かあちゃんが、いるよっ！」と言ったのです。

(4)直後の「かわいそうな、ちいさな親子……。」という言葉から、戦争の犠牲となり、なくなった二人の運命を、くすのきが悲しんでいることが読み取れます。二人がつらい思いをしていることにもふれましょう。

(5)この物語は、死を目前にして寄り添う女学生とぼうやの姿を中心にえがきながら、罪のない人々を巻き込んだ戦争の悲惨さを訴えています。

チャレンジテスト

62・63ページ

1 (1) 例 おばあちゃんといっしょにくらすことをよろこぶ気持ち。
(2) ウ
(3) イ
(4) 例 おばあちゃんをきずつけたことをこうかいする気持ち。(25字)
(5) ママが

考え方

1 (1)「願ってもない」は、願っても簡単にかないそうもないことが、運よく実現しそうなときに喜んで言う言葉です。「願っていない」という意味ではないので、注意しましょう。ここで「願ってもない」こととは、直前の一文の「おばあちゃんといっしょにくらす」ことを指しています。ユイにとって、おばあちゃんといっしょに暮らせるかもしれないことは、とてもうれしいことなのです。「どのような気持ち」ときかれているので、文末は「……気持ち」「……よろこんでいる」のように答えましょう。

(2) (1)で見たように、ユイはおばあちゃんといっしょに暮らすことを喜んでいました。しかし、――線①の直後のパパの言葉を聞いて、耳を疑っています。おばあちゃんの家は、ユイたちの家から歩いて十分くらいですが、「町がちがってくるから、……小学校を転校することになる」というのです。転校するとどうなるかは、16行目から始まる段落に書かれています。「なかよしのマキちゃんやあすかちゃん」と「はなればなれになってしま」うことを想像して、「そんなのイヤ!」と、考えが変わったのです。**ア**「放課後いっしょに遊べなくなる」とは書かれていないので、不適切です。**イ**「引っこす必要はないと思った」とは書かれていないので、不適切です。

(3)「それなのに」は、直前の「ユイがあれだけ大きな声を出した」ので、「おばあちゃんにも聞こえていたはず」だという内容を受けています。ユイは大きな声で――線②「おばあちゃんの家に引っこすのは反対だからね!」とさけんでしまいました。友達と離ればなれになるのがいやだから引っこしに反対したというユイの真意を知らないおばあちゃんが聞いたら、ショックを受けてしまいそうな言葉です。それなのに、おばあちゃんはユイの言葉など全く聞こえなかったかのように、「あたたかい笑顔」(39行目)で、れんこんのきんぴらが入ったふろしき包みを「ひょいと持ちあげ」たのです。ショックを受けたかもしれないのに、自分の気持ちを隠して、ユイにやさしく接していることから、**イ**「やさしい」が正解だとわかります。

(4)「むねがしめつけられる」とは、悲しみなどでショックを受けていることを表す表現です。(3)で見たように、おばあちゃんはユイの言葉を聞いても、ユイにやさしく接していました。それを見て、ユイは、おばあちゃんを傷つけるようなことを言ったことを後悔したのです。「おばあちゃんをきずつけた」ことを「こうかいする」という二つの内容が書けていれば正解です。「どのような気持ち」ときかれているので、文末は「……気持ち」「……こうかいしている」のように書きましょう。

(5) 場面を分ける設問では、時間や場所の変化、登場人物の増減などに注目しましょう。この文章では、時間や場所に変化はありません。一方、登場人物では変化があります。初めのほうはユイと両親が話している場面ですが、28行目「その時、ユイはまどの向こうに立っている人物に気づいて、ハッとしました。」とあるように、ここでおばあちゃんが登場し、登場人物が増えます。この段落の初めの三字を答えましょう。

注意する言葉 願ってもない・耳をうたがう・むねがしめつけられる

13 話題と要点をつかもう

標準レベル＋

64・65ページ

1 (1)あヤマザクラやコブシ(の花)

い例花がさくと、田畑をたがやしたり、種まきをはじめたりするから。

(2)例田の神を空から地上にむかえる目印にするため。

(3)アーチ・田の神

(4)人工の花　(5)ア　(6)ウ

考え方

1 (1) あ「これらの木」とあるので、木の名前を探しましょう。

い直後の文の文末が「……から」となっていることに着目します。この一文の内容が——線①の理由です。

(2) 直後の文が「この行事は……」で始まり、——線②の行事の説明になっています。「春に田の神を空から地上にむかえるため。」でも正解です。

(3) 空欄に当てはまる言葉を埋める問題では、空欄の前後の言葉と同じか似た言葉を文章中から探します。一つ目の空欄は、12行目の「田んぼの水口に……花などでアーチを作り」という部分と対応しています。二つ目の空欄は、13行目の「田の神をむかえます」という部分と対応しています。

(4) 6には、5の内容の具体例が書かれています。「紙やビニールで作ったサクラの花」「花笠に花もようの晴れ着」は「人工の花」の例です。

(5) ④の前後で、人工の花をかざる例を並べています。前の事柄とあとの事柄を並べるときのつなぎ言葉はア「また」です。

(6) 9からはわからないので、直前の8に着目しましょう。「私たちの祖先は……春に花のさくことで、秋の豊作を予想し、またうらなってきた」とあるので、秋の豊作を予想させる花を大切にする気持ちがわかります。

ハイレベル＋＋

66・67ページ

1 (1)ウ　(2)ア

(3)顔

(4)自分の右側の顔

(5)例(心臓の)右側は肺に血を送るだけなのに対して、左側は全身に血を送るから。

(6)あ右　い左

(7)例食べ物から栄養を吸収すること。

(8)例人の内臓は、左右非対称になっているということ。

考え方

1 (1) 1の最後に「そんな利点があるのだ。」とあるので、1の内容と選択肢とを照らし合わせます。ウは、「片方の耳で聞いても」がまちがいです。

(2) 前の「そっくり」とあとの「違っている」は反対の内容なので、ア「でも」が入ります。

(3) すぐあとの「たとえば」というつなぎ言葉に着目しましょう。

(4) こそあど言葉の前を読み返し、こそあど言葉に置きかえて意味が通る言葉を探すというのが、基本の手順です。

(5) ——線⑤の直前に「だから」とあるので、これより前の部分から「左が大きくなる」理由を読み取ります。心臓の右側の働きについても説明しましょう。文末は「……から」「……ので」「……ため」とします。

(6) 「そのおかげで」とは、「心臓の左側が大きいおかげで」ということです。心臓が大きい分、左側の肺は二葉になってしまうのです。

(7) 人間の小腸は、魚類よりずっと長いため、「じっくりと栄養を吸収できる」のです。文末を「……こと」としましょう。

(8) 3の冒頭の一文と、最後の一文に着目しましょう。「進化によって」という言葉が入っていても正解です。「……は、……ということ。」という形で書くという指示を守りましょう。

14 段落関係をつかもう

標準レベル　68・69ページ

1 (1)雪・(茶色い)地はだ　(2)四月・下旬　(3)イ
(4)(やわらかい)フキノトウ
(5)あ例(母親といっしょに)約一か月ほどすごす。
い みはらしのよいえさ場
(6)(四月の森)4　(五月の森)5・7
(初夏をむかえた森)8

考え方

1 (1)「そんな」というこそあど言葉が使われているので、――線①より前の内容に着目します。

(2)「この」というこそあど言葉が使われているので、――線②より前から時期を述べた言葉を探します。

(3)「もうすっかり春」になった結果、「鳥たちも、もどって」くるということに加えて、「小鳥たちのにぎやかなさえずり声が、森中にひびきわたる」ということを挙げているので、「そして」が適当です。

(4)3の最後に「春一番のごちそう」とあることに着目しましょう。

(5)――線⑤以降で、赤ちゃんの成長する様子が順に説明されており、あ・いの内容は、10で述べられています。外敵の近づけない「森のなか」から「みはらしのよいえさ場」へと出てくることに注意しましょう。

(6)段落関係をつかむときには、それぞれの意味段落でどんなことを説明しているか、その話題に注意します。ここでは話題があらかじめ示されているので、示された言葉を文章中から探していきます。1の「四月も下旬になると」、5の「五月、カモシカのすむ森に」、8の「森のみどりもすっかりこくなり、山は初夏をむかえます。」に着目しましょう。

! 注意する言葉　おぎなう

ハイレベル　70・71ページ

1 (1)例たくさんの結晶がびっしりと接しあってつまっているから。
(2)例水がひやされると、水つぶが規則正しくならんでむすびつき、氷の結晶ができる(ということ)。
(3)ウ　(4)色
(5)あウ　い例氷が底の方にできて、そこにすむ生き物たちが生きていけなくなること。
(6)イ　(7)7

考え方

1 (1)――線①をふくむ一文が、「……ためです。」という理由を説明する文末で終わっていることに着目します。文末を「……から」「……ので」「……ため」としましょう。

(2)1の冒頭も2の最後も、「氷の結晶」は「水つぶが規則正しくならんでできる」という内容になっていることに着目します。「氷の結晶」という言葉がないものは不正解です。

(3)「しかし」は逆接の働きをするつなぎ言葉です。

(4)「無色とう明」「白くみえる」から、「色」についての説明とわかります。

(5)あ直前の「これ」が指す内容が、「水」の「ふしぎな性質」なので、すぐ前の水に関する説明が答えとなります。いあで確認したように、水は氷になると軽くなります。「もし……たら」と、この事実に反した仮定を6で述べているので、このあとの部分をまとめます。「氷が底の方にできる」という内容を忘れないようにしましょう。

(6)7・8と選択肢とを照らし合わせます。アは「熱を伝えやすく、外のあたたかい空気を取り入れる」、ウは「氷の下の水温は下がる」が不適当です。

(7)4から6では氷の体積について、7と8では氷と熱との関係について述べています。7は身近な例から氷の性質を説明する働きをしています。

15 文章をまとめよう

標準レベル＋　72・73ページ

1
(1)光球　(2)7　(3)ウ　(4)イ　(5)ガス・うすい　(6)8
(7)例太陽の中心部で生まれた光が、ガスのこい部分ではじかれひかっている

考え方

1
(1)〈太陽は、何の外がわにもひろがっているのか〉と考えながら、――線①の前を読み返して、二字で当てはまる答えを探しましょう。

(2)同じ話題がどこまで続くかを読み取るのが、段落関係をおさえる基本です。ここでも「セロハン紙」がどこまで話題になっているか注意します。

(3)「光のつぶをあまりはねかえさず」と、「はねかえされる光のつぶも多くなる」は、食いちがう内容なので、逆接の「けれども」が入ります。

(4)「セロハン紙」は、太陽のガスについてわかりやすく説明するためのたとえです。こうしたたとえが挙げられたときは、何と何が対応しているかしっかり読み取ることが大切です。「おなじように」と述べて、セロハン紙の例をもとに太陽について説明している8に着目しましょう。

(5)2にあるように、太陽のガスは「中心部ではひじょうにこく、外にむかうほどうすくなってい」ます。セロハン紙の重なりが薄いと、「むこうがわがすきとおってみえ」、光らないように、太陽のガスが薄い外側は、透明で光らないのです。

(6)(2)や(4)で確認したように、4～7でセロハン紙をたとえにして説明してから、8で太陽に話をもどし、光球に関する疑問に答えを出しています。

(7)文章の要旨を確認する問題です。説明文ではふつう、文章の後半、とりわけ最後で筆者の考えやまとめが述べられます。この文章でも、3で挙げた光球に関する疑問の答えを、8でまとめています。

ハイレベル＋＋　74・75ページ

1
(1)ウ　(2)②エ　③ア
(3)あ例きちんとたいらにたたんでたんすの引きだしにしまう。
い(初め)ゆとりをも　(終わり)ているから
(4)ア
(5)例洋服ははたらきやすいが、きものは活動するのにはふべんだというちがい。
(6)ウ
(7)例洋服ときもののちがいについて。

考え方

1
(1)「ゆかたの着方」を説明した2の内容と選択肢を照らし合わせます。

(2)順を追って説明するときによく用いられる言葉です。「まず」→「それから(次に)」と続け、それ以上説明するときには、「さらに」を使います。

(3)あ「しかしきものは……」から始まる一文に着目します。「きちんとたいらにたたんで」という内容を入れてまとめます。いきもののしまい方について述べたあとの、「これは……」から始まる一文が、「……からだ。」という理由を説明する文末で終わっていることに着目します。

(4)4では、裁断について説明したあと、洋服ときものそれぞれの裁断方法を対比的に述べています。冒頭にある裁断の説明は、本題に入る前の補足説明にすぎないので、ウ「衣服の裁断の仕組み」は不正解です。

(5)5の要点を確認する問題です。「スカート」「ワンピース」といった形状は、「はたらきやすい」「ふべんだ」といった機能の説明を導くための具体例なので、不要です。

(6)冒頭にある順接のつなぎ言葉「そこで」が手がかりになります。

(7)(1)・(3)・(4)・(5)で確認したように、「着方」「しまい方」などさまざまな側面から「洋服ときもののちがい」を説明した文章です。「きものの特ちょう」など、きものに限定した題名では不十分です。

チャレンジテスト　76・77ページ

1
(1) イモチ病
(2) 例 農薬はよい土をつくる微生物、ミミズやモグラなども殺すから。（29字）
(3) あ 例 化学肥料を使いすぎる
い 作物に吸収されない肥料・水や養分・例 虫の害や病気にかかりやすくなる
(4) イ
(5) ウ

考え方

1
(1) 1には、「農薬のない時代」における「米作りでいちばんの大敵」について説明されています。それは、「カビの一種による病気」である「イモチ病」です。

(2) 20行目にも「……と、土がどんどん悪くなり」とあるので、これより前の部分から、農薬で土が悪くなる理由をとらえましょう。4で「農薬には、ありがたくていい点もありますが、問題点も多いのです」と述べたうえで、5で農薬の「ありがたくていい点」と「問題点」を取り上げています。

・農薬の「ありがたくていい点」
＝イネや野菜につく病原菌や害虫を殺したり、雑草をからしたりする。
・農薬の「問題点」
＝害虫ではない昆虫や、よい土をつくる微生物、ミミズやモグラなども殺す。

この「問題点」のうち、土が悪くなることに関係のある——線の部分をまとめます。「なぜですか」ときかれているので、文末は「……から」「……ため」「……ので」のようにしましょう。

(3) あ直前に「そうなると」とあるように、——線③は7の内容を受けているので、7に着目しましょう。土の中に養分をおぎなってやろうとして、「化学肥料を使いすぎる」から、また農薬が必要になるのです。
い「化学肥料を使いすぎ」た結果、どんなことが起こるかは、7に書かれています。

・作物に吸収されない肥料が土の中に残って、どんどんたまってしまう。
↓
・根から水や養分が吸収できにくくなる。
↓
・作物が元気をなくして、虫の害や病気にかかりやすくなる。

三つ目の空欄に当てはまる言葉は、あとの言葉に続くように「……かかりやすくなる」のようにまとめましょう。

(4) 段落の要点をとらえる問題です。9では、農作物に農薬が残ってしまうことを説明したうえで、農薬は「わたしたちのからだの中に入ると有害」だということを述べています。アは、筆者が9で最も伝えたいことではありません。ウは、9には書かれていない内容です。

(5) 段落の構成をとらえる問題では、段落の初めのつなぎ言葉やこそあど言葉に着目しましょう。この文章の2の「また」や、8の「そうなると」は、前の段落から話が続くことを示しています。1～3では、農薬がさまざまな被害から作物を守り、作物の安定した収穫につながっていることが説明されています。4には、農薬の「ありがたくていい点」が書かれています。5～8には農薬の「問題点」が書かれています。そして9はまとめの段落で、筆者が伝えたいことが書かれています。

注意する言葉　吸収・悪じゅんかん

16 表現のくふう

標準レベル＋ 78・79ページ

1
(1) 例から
(2) どんな　夢でしょうか
(3) ア・エ　(4) ウ

2
(1) ウ　(2) すずめ・もず・実〔「すずめ」「もず」は順不同〕
(3) からす・はと〔順不同〕
(4) イ

考え方

1
(1) デンデンムシ(かたつむり)が背中に背負っているものをとらえます。
(2) 9行目と10・11行目は言葉の順序が入れかわっていて、ふつうは「背中に　見えない灯を　ともし／うずをまきながら　ひろがっているのは／どんな　夢でしょうか」となります。
(3) この詩は、一行空きの部分で二つの連に分かれています。また、「ゆっくり」という言葉がくり返されています。
(4) ゆっくり歩くデンデンムシを観察し、殻の形から、まるで大きな夢をいだいているようだと温かく見つめています。

2
(1) 葉っぱも実もない「はだかんぼうの木」であることや、「木枯らし」という言葉から、冬であることがわかります。
(2)・(3) 木にとまったすずめともずを「実」にたとえ、同じく木にとまったからすとはとを「葉」にたとえています。からすとはとは、すずめともずより大きい鳥です。
(4) 第三連の「木枯らし　吹いても　そのままで／みんななかよく　とまってた」から、アは当てはまります。また、鳥たちをとまらせてあげる木のやさしさも感じられるので、ウも当てはまります。

ハイレベル＋＋ 80・81ページ

1
(1) ことば・例刺した
(2) あア　いウ
(3) 例気づいてほしいという思い。(13字)
(4) 例あたたかくなっている
(5) じいん　(6) イ

考え方

1
(1) 「ちく」は、針のような鋭いものを一瞬浅く刺す様子や、そのような痛みを感じる様子を表す言葉です。ここで心に刺さっているのは、だれかが言った「ことば」です。
(2) 「針」も「ガラスのかけら」も、鋭くとがっていて、刺さったら人にけがをさせてしまいます。同じように鋭いものはウ「とげ」です。
(3) 「気づいていないでしょうか」は、単なる疑問を表しているのではなく、「人を傷つけたことに気づいていないなんて……気づいてほしい」という思いが込められています。「気づいてほしい」「気づくべきだ」という内容が書けていれば正解です。「どのような思い」ときかれているので、文末は「……思い」とします。
(4) 「じいん」は、とても感動する様子を表す言葉です。第七連に「いまのそのことばが／あたためるのです」とあるので、「あたためる」という言葉を利用して、「あたたかくなっている」「あたたまっている」という内容が書けていれば正解です。
(5) この詩は、前半と後半で構成がほとんど同じになっています。前半と後半は、それぞれ「ちく！」「じいん」という言葉で始まっています。
(6) 前半は、「ことば」は人を傷つけることがあるということを、後半は、「ことば」は人を感動させることがあるということを述べています。何気なく言ったことでも、そのようなことがあるので、「ことば」の力を理解して使ってほしいということを言いたいのです。

1
(1)八
(2)すすき・(細い)首
(3)イ
(4)③エ　④ア
(5)ウ
(6)例あこがれる(5字)

考え方

1 (1)「連」とは、一行空きで区切られたまとまりのことです。また、「漢数字で」答えるという指示があるので、「8」と算用数字で答えないようにしましょう。

(2)「しなる」は、「折れないで、しなやかに曲がる」という意味で、「しなう」ともいいます。「細い首を　しならせ」ているのは、直後の「すすきの　穂たち」です。すすきの穂が、人間の首にたとえられているのです。あるものをほかのものにたとえるのは、詩でよく使われる表現のくふうです。

(3) 5・6行目「その　ひとむらに／なりたくて」、7・8行目「そのけしきの　一片に／なって　しまいたくて」が、「すすきの中に　立ってみる」理由で、どちらも同じ内容を表しています。「その」は、第一連で描かれたすすきを指しています。5行目「その　ひとむら」の「ひとむら」とは、一か所に集まってまとまっているもののことです。すすきとひとまとまりになりたい、すすきの景色の一部になりたいという「わたし」の気持ちがうかがえます。

(4) ③「ほら　きたよ／つぎの風の　そよぎが」は、述語の「きたよ」が先にきて、主語の「そよぎが」があとになっています。言葉の順序が入れかわっているので、正解はエです。ふつうの語順に直すと「ほら　つぎの風の　そよぎが　きたよ」のようになります。

④「靴を　ぬいで／目を　とじて」の部分は、

靴を　ぬいで
｜　｜
目を　とじて

と、組み立てがよく似た表現が並べられているので、正解はアです。

(5) 直前の第七連の内容とあわせて考えましょう。「わたし」は、すすきの中に立って、すすきといっしょにゆれているうちに、「からっぽの心に／すすきが　一本／まっすぐに　入ってき」たように感じています。第一連にあるように、すすきは風にふかれても穂をしならせて対応し、決して折れることはありません。そのようなすすきが自分の心の中に「入ってき」たので、自分もすすきのように風にふかれても折れないくらい強くなれるはずだと思っているのです。

(6) 「わたし」は、風にふかれて穂をしならせるすすきを見て、「その　ひとむらに／なりた」い、「そのけしきの　一片に／なって　しまいた」いと思っています。そして、すすきが心に入ってきたことで、「強くなれる」と感じています。風にふかれても折れない強さをもったすすきにあこがれる気持ちが伝わってきます。

注意する言葉　命ずる・しなる・ひとむら

17 物語文

標準レベル＋

84～87ページ

1

(1)あ ぷよぷよっていう感触（10字）　い ゴツゴツした感触（8字）

(2)イ　(3)イ

(4)例 おじさんが手をはなしたすきにワニがかみつくかもしれないので、こわいという気持ち。

(5)びっくり

(6)例 おじさんが、ワニのせなかをさわれば、ワニがねがいをかなえてくれると言ったから。

(7)ウ

(8)例 ワニのせなかをさわったのだから、とび箱なんて、かるいと思い、勇気が出たから。（38字）

(9)あ 朗読　い ぼくは、スキップでうちに帰った。

(10)ウ

考え方

1

(1)〈どんな感触か〉という設問文の言葉を手がかりに、「……感触」という表現を探します。ミツルがさわったときに感じた「感触」をとらえましょう。

(2)「ぱっと」は、素早く行動する様子を表します。ワニがこわくて、少しだけさわってすぐに手をはなしたことが、この言葉からわかります。

(3)田畑くんと山下くんが、ワニにさわったあとにミツルに視線を向けていることに着目します。また、「顔がひきつる」とあるように、ミツルはその視線の意味を理解していますし、少しあとでは、田畑くんも山下くんも、ワニにさわるよう、はっきりと口に出してミツルを促しています。

(4)「顔がひきつるのがわかった。……」から始まる段落に着目します。ワニにかみつかれるかもしれないと思うと、こわかったのです。「こわい」という気持ちが書けていれば正解です。

(5)「はっと」は、驚きの気持ちを表す言葉です。

(6)ミツルは「ねがいをかなえてくれるよ」というおじさんの言葉に「びっくりして」、それからワニのせなかをさわって願っています。このことから、「ねがいをかなえてくれる」という言葉を聞いたことが、ワニにさわる気になったきっかけとなっていることがわかります。「おじさんがはげましてくれた」など、あいまいな書き方では不十分です。

(7)田畑くんが「ぱっとさわった」ように、二人は恐る恐るワニにさわっていました。「せなかをドンと」（20行目）おされていることから、ミツルは気が弱いと、二人ともわかっていたことが伝わってきます。そんなミツルが、しっかりとちびワニのせなかに「手を置いた」ので、その勇気ある行動に、二人は「びっくりした」のだと考えられます。

(8)直前にある（　）の中の、ミツルが心の中で言った言葉に着目します。ミツルは、ワニのせなかをさわったのだから、とび箱をとぶなんてかるいと思っています。そして、実際にとんでみたら、うまくできたのです。「ワニに勇気が出ますようにとねがったので、おもいっきりとぶ勇気が出たから。」といった答えでも正解です。「勇気」という言葉を使っていない答えは不十分です。

(9)あ「ミツルくん、朗読、じょうずなんだねえ」（68行目）という、鈴木アキちゃんの言葉に着目します。

い「スキップ」に、ミツルの喜びが表れています。「一文」を書きぬくときには、最後の句点までふくめて書きます。

(10)ミツルの変化に着目します。ワニにさわる前は、こわがりで勇気がなかったのが、ワニにさわったあとは、勇気を出せるようになっています。飼育係のおじさんは、ミツルの気の弱さに気づいて何気なく励ましてみたのでしょうが、こうしたふとしたきっかけで、人は気の持ちようを変えることができるというのが、この文章の主題です。

ハイレベル ++

88～91ページ

❶ (1)あウ　いべそべそないてばかりいる
う例おじいちゃんにしかられてばかりだったから。
(2)あ例おじいちゃんがさんぽのときかならずかぶっていくぼうしに、すずやバッジや赤いボタンをぬいつけた。
い満足
(3)③エ　④ウ
(4)例奈保子が四年前に、おじいちゃんのぼうしにつけたすずの音。(28字)
(5)ウ
(6)例きれいな色のししゅう糸でおじいちゃんの名前をししゅうしたぼうし。
(7)イ
(8)あ四年後の夏　い一週間後、

考え方

❶ (1)あ「北海道に行かなければいけない」という表現からは、自分から積極的に行きたいとは思っていないことが伝わってきます。「どうしたらおじいちゃんにおこられないですむか、そんなことばかりをかんがえていました。」とあるように、北海道に行ったら、おじいちゃんにまたおこられるかもしれないと思うと、ゆううつでたまらなかったのです。
い「かなしいことに、その年もわたしはおじいちゃんにしかられてばかりだった」とあるように、結局北海道でおじいちゃんにおこられています。そして「べそべそないてばかりい」たのです。

う「おじいちゃんにしかられてばかりいた」ことが書けていれば正解です。文末を「……から」などとしましょう。

(2)あすぐあとの部分で「イタズラ」の内容がえがかれています。「おじいちゃんが毎朝かぶるぼうしにボタンなどをぬいつけて、へんてこなものにした。」といった答えでも正解です。

(3)い「そのへんてこぶりに大きく満足し」(27行目)とあります。「以前のように元気にわたしをおこったりもし」ないという、おじいちゃんの変化に着目します。おこってばかりでこわい「鬼」のようだったおじいちゃんが、今は静かな「仏」のようになっているのです。

(4)次の段落に「その音の正体を知りました」とあるので、このあとの部分を読み取りましょう。さらに次の段落まで読んで、「すずが五個もついているのです。あるくたびにチリンチリン鳴って」という部分に着目して答えます。「『わたし』が四年前におじいちゃんのぼうしにつけたすずの音。」といった答えでも正解です。「おじいちゃんのぼうしの音。」など、「すず」が音を発していることを明確にしていない答えでは不十分です。文末は「……音」としましょう。

(5)奈保子は、おじいちゃんのぼうしにわざとへんてこなものをつけて、おじいちゃんにはずかしい思いをさせようとしました。けれども、おじいちゃんは、奈保子のつけたものだからと、はずさなかったのです。奈保子は、自分のことを大切に思ってくれるおじいちゃんの愛情に気づいて、ひどいことをしてしまったと思い、あやまっているのです。

(6)直前の内容に着目して、答えをまとめます。「おじいちゃんの名前」という内容がぬけているものは不十分です。文末は「……ぼうし」としましょう。

(7)奈保子におこってばかりいる一方で、奈保子のことがとても好きで、奈保子がいたずらしたぼうしを毎日かぶっていることから考えます。「どうしてそんなぼうしをかぶってるの？」と奈保子にきかれて、「てれくさそうに」(55行目)しているところからもわかるように、おじいちゃんはやさしい人でありながら、自分の気持ちを素直に表すのが苦手なのです。

(8)場面の変化をとらえるときには、場所や時間、登場人物の変化に着目します。この文章では、あなら「四年後の夏」、いなら「一週間後」という、時間の経過を表す言葉によって、場面の変化がわかります。

標準レベル＋

92～95ページ

1

(1)ウ　(2)イ

(3)あ例自分が持っているものと相手が持っているものを交換すること。

い例物々交換をする人が簡単に見つからないという問題。

(4)例物々交換をしたいと思っている人たち。

(5)例物々交換をしたい人たちが集まる場所。

(6)毎月五日・十日・(名前の)地名

(7)あ例ほしがる人が大勢いるので、次に交換しやすくなること。

い例たくさん持つと、重くて運ぶのが不便なこと。

う例長い間持っていると、味が落ちてしまうこと。

え例(長い間持っていると)いたむ心配があること。

(8)例持ち歩くのに便利で長持ちするから。

(9)ア

(10)例人間は金色を見ると、きれいで価値があると思うし、金は大量にとれず、よけいに価値があると考えられたから。

(11)イ

考え方

1

(1) 2の最後に「どうしましょう。」とあります。直前の文の内容とあわせると、〝お金がなかった昔はどのようにしてものを手に入れていたのか〟ということが話題になっているとわかります。

(2) ①は、前で肉や野菜、果物が食べたくなること、あとでお金で買えないことが書かれているので、前の事柄と反対の事柄があとにくるときのつなぎ言葉の「でも」が入ります。③は、5で物々交換が簡単でないことの具体例が書かれていて、6でも同じ内容が書かれているので、比べたり選んだりするときのつなぎ言葉「あるいは」が入ります。

(3) あ「自分のものと相手のものを交換すること。」などでも正解です。

い5・6に着目しましょう。「そんな人が簡単に見つかるでしょうか。」(21行目)、「ほんのぐうぜんでないと、そんな人に会えそうもありません。」(25行目)とあります。

(4)「物々交換をしようとしている人たち。」などでも正解です。

(5)「人々が食べ物や毛皮を持って集まり、互いに交換する場所。」などでも正解です。文末は「……場所」「……ところ」などとしましょう。

(6) 8に書かれていることを読み取ります。

(7) あ40行目に「お米や布ならほしがる人が大勢いるので、次に交換しやすくなる」とあります。文末は「……こと」「……点」などとしましょう。

い46行目に「(お米は)たくさん持つと、重くて運ぶのが不便」とあります。文脈から、布も同じだと考えられます。

う47行目に「長い間持っていると、味が落ちてしまう」とあります。主語が書かれていませんが、前の文の「お米は」を補って考えます。

え48行目に「布もいたむ心配があります。」とあります。

(8)「きれいな貝がら」は、直前の「持ち歩くのに便利で長持ちするもの」の具体例です。

(9) お金に関係する漢字に「貝」という文字が入っていることから、「中国でも大むかしは貝をお金に使っていた」(51行目)と考えられるのです。

(10) ――線⑪のあとの文章に着目します。「人間は金色を見ると、『きれいで価値がある』と思う」「金は大量にはとれませんでしたから、よけいに『価値のあるもの』と考えられました」という二点をまとめましょう。

(11) 1・2では、〝お金がなかった昔はどのようにしてものを手に入れていたのか〟という話題が述べられています。3～8には、ほしいものを手に入れるために物々交換が行われていたことが書かれています。9～11には、お米や布が物々交換の「仲立ち」をしていたことが書かれています。12には貝が物々交換の「仲立ち」をしていたこと、13・14にはお金が使われるようになったことが書かれています。

❶
(1) 同じ国
(2) あ わたしたちが、親しい人とくつろいで話をしているとき
い イ
(3) あ [6]
い カッカリドンチャン
(4) イ
(5) [例] 全国どこでも通じる共通語があるから。
(6) あ [例] 共通語は話をするときにつかうが、標準語は文章を書くときにつかう点。
い (共通語) おっかない (こわい)
(標準語) おそろしい
(7) ウ
(8) ア
(9) [例] 方言と共通語を、(場面や話し相手によって、) じょうずにつかいわけることができる人。

考え方

❶
(1) [1]のそれぞれの文の役割を確認します。「青森県」「鹿児島県」「山形県」「東京」などを挙げた文は具体例による説明であり、この具体例についてまとめているのが、最初の一文です。
(2) あ 「どんなときに」という設問文を手がかりに、「……とき」という表現でまとまっている部分を探しましょう。書きぬくときは、文章中の言葉をそのまま書き写すので、文章中にはない句点を付けてはいけません。
い イは、[4]にある、「ビッキやメンコイは、東北地方の方言の一部です」という内容に合致します。
(3) あ 「新方言」とは、「若い人たちの中で、新しくうまれた方言」のことです。したがって、若い人の方言について、どこから説明が始まっているかを確かめましょう。
い 「かたぐるま」のことを若者が何と言っているか、[6]から読み取ります。
(4) [3]の前後には、「……とき」という同じ表現が並んでいます。したがって、二つの事柄を選択する働きの「あるいは」が入ります。
(5) 直前の一文に着目して、「全国どこでも通じる」→だから→「よその地方の人たちと、自由に話をすることができ」る、という因果関係をとらえます。文末は「……から」などとしましょう。
(6) あ [12]で共通語は「話をするときにつかう」、標準語は「文章を書くときにつかう」と説明されているので、この部分をまとめましょう。「共通語はくだけたいい方だが、標準語は共通語を洗練させたいい方である点。」のように言い方のちがいだけに触れた答えは不可です。文末は「……点」としましょう。
い 「単語の例をあげると……」(54行目)に着目します。
(7) 「そこで」という、[16]の冒頭のつなぎ言葉が手がかりとなります。「方言しか話せない人」がいるという事態を受け、その結果として始まったことが、[16]で述べられています。
(8) [16]にあるように、明治・大正時代には「方言はきたないことばだとか、はずかしいことばだという、まちがった考え」が広まっていました。今の人々の考えははっきり述べられていませんが、[18]の「方言は、なくてはならないもの」だという筆者の言葉から、「大事にすべきだ」という考えを読み取ることができます。
(9) 筆者の主張をとらえる問題です。――線⑦直前の「それができる人」に着目し、「それ」が指す内容を明らかにして答えます。「方言と共通語を」という内容を欠かさないようにしましょう。文末は「……人」とします。

! 注意する言葉 くつろぐ・洗練・普及

チャレンジテスト

100~103ページ

1

(1) 例 十五メートルの腕立て歩きはキツいので、いやだという気持ち。（29字）

(2) あ ウ

い 例 友だちだったら、高野さんがかわいそうだから、マコトは無理してやらせるわけがないということ。

う 例 せっかく練習したのだから、順位にかかわらず、やってみようということ。

(3) ア

(4) あ 例 高野さんが腕立て歩きで十五メートルを完走すること。（25字）

い 例 いままで一度もなかったことだから。

(5) イ→ウ→ア

(6) 例 感動

(7) そうなんだ

(8) ウ

考え方

1

(1) 直前の、「十五メートル」を「腕立てで進むのはかなりキツい」に着目します。「いやだ」「やりたくない」という内容が書けていれば正解です。「腕立て歩きはキツい」という内容も入れて、文末を「……気持ち」か、気持ちを表す言葉にしてまとめましょう。

(2) あ 高野さんとマコトのやり取りに着目します。「さっきケガしたところ」が「すりむいただけ」であることから考えて、高野さんが本当に見学したい理由は、「わたし、遅いから、川村さんに迷惑かけちゃう」ということであるとわかります。

い 「友だちだったら……」から始まる「ぼく」の考えに着目しましょう。「友だちだったら、そうだよね、と言う」「高野さんがかわいそうだから無理してやらせるわけがない」という二つの要素を入れてまとめます。文末は「……こと」としましょう。

う 一緒に腕立て歩きをやろう、というのがマコトの気持ちです。「練習」「順位」のうちどちらの言葉が抜けていても不十分です。

(3) マコトは、「そんなのは迷惑なんて言わないんだよ」と断言しています。高野さんが「遅い」ことを理由に挙げたことに納得がいかず、「ケガ」を理由にしたときよりも、強く否定したかったのだと考えられます。

(4) あ 直前に「それって」とあるので、この「それ」が指す内容をとらえます。「高野さんが」という主語を入れるのを忘れないようにしましょう。

い 「高野さんが十五メートルを完走する」という「すごいこと」の具体的内容を挙げた直後に、理由が書かれています。文末は「……から」などとしましょう。

(5) 気持ちの手がかりとなる言葉を、文章中から探していきます。「高野さんは……途中でやめずに」（43行目）からは、「何とか一生けんめいやってみよう」という気持ちが、「もうだめ、というのが全身から伝わった。」（50行目）からは、「これ以上はできない」という気持ちが伝わってきます。そして「折り返し点までたどり着」いたとき、高野さんは「うれし涙」を見せています。

(6) 「いままで一度も」できなかったことを成し遂げた高野さんの姿に「感動」して、「拍手をし」ているのだと考えられます。

(7) 高野さんが普段どんな人なのかがわかる言葉を、文章中から探しましょう。「テンポがのろくて」『余り』にされてしまうことが、21~25行目で描かれています。

(8) 「男子よりずーっと速かった。」のを見て、「ぼく」が「やっぱり、あいつ、番長なんだ。」と思っているように、マコトは「みんなよりすぐれている人です。しかし、すぐれていることを自慢することなく、高野さんを腕立て歩きで完走させてあげたように、弱い立場の人を助けてあげられる人でもあるのです。

チャレンジテスト　104〜107ページ

1

(1) イ

(2) あ 例 砂漠のなかをただひたすら流れてくるので、砂漠の砂を巻き込み、水の色が白っぽく見えるから。

い 例 ビクトリア湖に溜まりきれなくなって流れ出した雪解け水。(27字)

(3) イ　(4) 高い山の上に降った雪(10字)

(5) 例 タナ湖に溜まりきれなくなって溢れ出した水。

(6) ・例 ビクトリア湖が、九州を二つほど合わせた大きな面積であること。

・例 タナ湖が琵琶湖の四倍くらいの大きさであること。〔順不同〕

(7) ア

(8) あ 例 洪水を防ぐこと。(8字)

い 例 ナイル川の水で耕作地を浸しておくことによって、肥沃な土が農地に沈澱することを知っていたから。

(9) イ　(10) ウ　(11) ウ

(12) 例 人間の力は自然に比べると弱いものだという思いがあったので、自然をおそれ、自然を尊び、自然の力に対して対抗するのではなくて利用しようとしていた。

考え方

1

(1) 日本の話は、「川というものはナイル川一本だけ」という、エジプトの特徴を明確にするための説明なので、アは不正解です。

(2) あ [2]後半の「どうして白ナイルと呼ばれるようになったかというと……」という表現に着目します。文末を「……から」としてまとめましょう。

い [4]に「その流れ出した水が白ナイルをつくっている」とあります。「ビクトリア湖から流れ出した」という内容を入れて、文末を「……水」としてまとめましょう。

(3) 「すなわち」「つまり」は、言いかえの働きをするつなぎ言葉です。

(4) 「夏になると解けはじめる」ものは何かと考え、前を読み返します。

(5) ——線④の「これ」が指す内容をまとめます。「タナ湖から溢れ出した」という内容を入れて、文末を「……水」としてまとめましょう。

(6) [4]と[5]で、ビクトリア湖・タナ湖それぞれが日本の地理と比較されている部分に着目します。

(7) 「ナイル川に大量の水が流れ込んでくる」「水量はまだまだ充分にあります」などを手がかりに考えましょう。

(8) あ 「そう」というこそあど言葉が指す内容をとらえる問題です。こそあど言葉の前の部分に着目します。「治水工事をすること。」でも正解です。文末は「……こと」としましょう。

い まず、「そう」しなかった代わりに何をしたかを、——線⑥直後からおさえましょう。そして、この「ナイル川の増水を放置しておいた」理由を、[9]からとらえます。「肥沃な(る)土が農地に運ばれてくる」という内容が欠けた答えでは不十分です。

(9) 川の氾濫で肥沃になるという土地の特徴を生かして耕作しているところが合理的だということを読み取りましょう。

(10) 「賜物」とは、恵みとして与えられたものという意味です。ナイル川が運んできた「肥沃なる土」を利用して、「麦や小麦や大麦」をたくさん実らせることができたという、エジプト人の暮らしを述べた[9]の内容をとらえましょう。

(11) [2]〜[5]は、「ナイル川とはどのようなものか」、[6]〜[9]は「古代エジプト人はナイル川をどのように利用したか」を述べた意味段落になります。

(12) 筆者の考えがまとめられた[10]に着目します。「利用しようとしていた」は、「自然の力を上手に活かしていた」といった内容でも正解です。「人間の力は自然に比べると弱い」という、古代エジプト人の考えを入れてまとめましょう。

思考力育成問題　108～111ページ

❶ (1)食べる時間がない
(2)ウ
(3)ア・エ
(4)例心身ともに調子が悪くなるわりあいが高い（19字）
(5)例テーマと直せつかんけいがないことを発言しないでください
(6)イ

❷ (1)ア
(2)例どうやって持ちこまれたのか説明する（17字）
(3)例つかまえられたアライグマの数も、農業のひがい金額も、年々ふえている
(4)例つかまえなければいけません
(5)例人間の都合で外来生物を悪者だと決めつける（20字）
(6)イ

考え方

❶ (1) ①に入るのは、【しりょう①】で「朝食を食べない理由」として挙げた人が四百人近くいる項目です。

(2) ②の前で、木村さんは「わたしも、……朝食を食べないことがあります。」と自分の体験を話しています。②のあとで、小川さんは、朝食を食べない日が週一日以上あると、どんな問題があるかを【しりょう②】をもとに説明しています。したがって、木村さんは〝朝食を食べないとどんな問題があるのか〟という質問をしたことがわかります。

(3) 「気分が落ちこむ」「いらいらする」という項目からは、「心の調子が悪くなるわりあいも高い」ことがわかります。

(4) 木村さんは、直前の小川さんの発言を要約しています。「体の調子が悪くなる」「心の調子が悪くなる」をひとまとめにして、〝心身ともに調子が悪くなる〟のように短く言いかえましょう。

(5) 森田さんは、「朝食を食べること」というテーマとは直接関係がなく、話し合いの流れにも合わない、自分の体験を話しています。「話し合いの流れに合う発言をしてください」のような内容でも正解です。

(6) 小川さんは、「今日は、……というテーマで話し合います。」のように話題を提示したり、(5)で見たように、話し合いの流れと関係ない発言を注意したりしています。司会の役割を果たしていることがわかります。

❷ (1) 外来生物とは何かを説明したあとに、その一例を示すとよいので、アで見せるのが適切です。

(2) 「人間によって持ちこまれた」だけでは、説明が不十分です。〝どうやって持ちこまれたのか〟〝どのように持ちこまれたのか〟までを説明すると、わかりやすくなります。「持ちこまれたいきさつを説明する」「持ちこまれた理由を説明する」のような内容でも正解です。

(3) 【しりょう②】には、「つかまえられたアライグマの数」が折れ線グラフで、「農業のひがい金額」が棒グラフで示されています。どちらも右肩上がりになっているので、年々増えていることがわかります。「つかまえられたアライグマの数も農業のひがい金額もだんだんふえている」ということが書けていれば正解です。どちらか一方のグラフについてしか触れていない答えでは不十分です。

(4) 「駆除」は「追いはらって、取りのぞくこと」という意味です。13行目の表現を使って、「つかまえなければいけません」のように書き直すとよいでしょう。

(5) 外来生物は「一生けんめい生きようとしているだけ」なので、外来生物を悪者にするのは「人間の都合」にすぎません。「人間の都合で悪者にして、つかまえる」のような内容でも正解です。

(6) スピーチの初めで、「みなさんは、外来生物とは何か知っていますか。」と、聞き手に話しかけています。また、12行目の「【しりょう②】を見てください。」も聞き手に話しかけるような言い方です。聞き手に話しかけることで、興味を引きつけているのです。

しあげのテスト(1)

巻末折り込み

1 ①暗い ②美しい ③幸せな ④短い ⑤表す ⑥全く ⑦整える ⑧温かい ⑨曲がる ⑩始まる

2 ①研究 ②感動 ③洋服 ④運転 ⑤病院

3 ①いらっしゃる(おいでになる・おこしになる) ②めしあがる(食べられる) ③くださった ④おっしゃって ⑤いらっしゃいます

4 (1)(主語)つばめが (述語)作った (2)エ・オ〔順不同〕 (3)はじめた (4)日も

5 (1)ウ (2)1考え方 2国や民族〔1・2順不同〕 (3)あウ い1(広告に関するさまざまな)決まりごと 2(いつも)調べて (4)ア (5)女の人なら (6)1ウソをつかない 2人が傷つかない(差別がない)〔1・2順不同〕

考え方

1 送りがなのまちがいで最も多いのは、必要のないところまで送りがなとして書いてしまうことです。②・③・④・⑤・⑦・⑧は特にまちがえやすいので注意しましょう。②「しい」で終わる言葉は「しい」から送りがなをつけるのが原則です。⑨・⑩は、文脈から「曲がる」か「曲げる」か、「始まる」か「始める」かを判断しましょう。

2 ①「究」の部首は「宀(うかんむり)」ではなく「穴(あなかんむり)」です。ほかに「空」などがあります。

3 指定の字数で答えることに注意しましょう。①「来られる」では四字なので、「いらっしゃる」と答えます。②「食べる」の尊敬語「めしあがる」と謙譲語「いただく」の使い分けに注意しましょう。③過去形にすることに注意しましょう。④「言う」の尊敬語は「おっしゃる」です。⑤「いらっしゃる」は、「行く」「来る」のほか、「いる」の尊敬語でもあります。

4 (1)「何が(は)―どうする」という文の形です。

(2)「子つばめに―はこんだ」、「えさを―はこんだ」のように、修飾語とそれが係る言葉を続けて読んで確かめましょう。

(3)「やがて」どうしたのか、と考えましょう。

(4)「子つばめが」と答えないように注意しましょう。「子つばめが」の述語は「巣立つ」、「近いようだ」の主語は「日も」です。

5 (1)「広く知らせる」結果、「さまざまな人が目にしたり、耳にしたり」するので、①には順接の働きのつなぎ言葉「だから」が入ります。

(2)「さまざまな」という言葉に着目して、内容をおさえましょう。「考え方」や「国や民族」が異なる人も広告を受け取るのです。

(3)あ広告にウソがあった場合にどんなことが起こるかが書かれている、第六～七段落の内容を読み取りましょう。ウのような「多くの放送局や出版社が倒産する」ことは、文章中には書かれていません。

い第八段落の「そこで」という順接の働きのつなぎ言葉に着目しましょう。「ウソ」をつかないように「各メディア」がどうしているのかが、「そこで」よりあとで説明されています。

(4)目の不自由な人を傷つけてしまうことが、「目がつぶれるほど、本が読みたい」というコピーの問題点です。

(5)「なぜ問題なのか、わかりますね。」という言葉のあとに着目します。「女の人なら必ず食事を作る役をすると決めつけ」ているから、問題になるのです。

(6)8行目「まず第一に、『ウソをつかない』ということ」とあります。また、「このように」で始まる最終段落に着目しましょう。二つ目に大切なことが書かれています。

しあげのテスト(2)

巻末折り込み

1 ①5　②3　③8　④10　⑤4　⑥9　⑦2　⑧6　⑨3　⑩3

2 ①イ・オ・コ　②ア・エ・キ・ケ　③ウ・カ・ク　〔①〜③それぞれ順不同〕

3 (1)イ
(2)例土手をおりたまもる君(10字)
(3)例しかし
(4)あひざ　い例すりむいた

4 (1)3→1→4→2
(2)あ船体　い安定
(3)石油を運ぶタンカー

5 (1)おにいちゃん・おじいちゃん〔順不同〕
(2)(ちいさな)島
(3)(初め)わたしをけ　(終わり)いいんだ。
(4)ア・ウ〔順不同〕
(5)ア
(6)あ1例うそ(2字)　2例安心(2字)　3例おこる(3字)
いウ

考え方

1 ①「女」の部分は、「く女女」の順に書きます。②「阝」の部分は、「フ ㇋ 阝」の順に書きます。④「辶(しんにょう)」はあとから書きます。⑧「門(もんがまえ)」は「｜ ｢ ｢ ｢｢ 門 門」の順に書きます。⑩「癶(はつがしら)」は「フ ヌ ヌ' ヌヌ 癶」と、五画で書きます。

2 ①は「一字＋二字」の組み合わせ、②は「二字＋一字」の組み合わせ、③は一字の言葉の集まりです。

3 (1) 「すると」は、前の事柄に続いてあとの事柄が起こることを表すつなぎ言葉（接続語）です。

(2) 直前の「まもる君が土手をおりたので」の部分を、「……のあと」につながるようにまとめます。

(3) 逆接で三字のつなぎ言葉である「けれど」などでも正解です。

(4) 「ほとんどかさぶたになってい」たところはどこか、と考えながら、前の部分を読み返します。いは「すりむいて血が出た」でも正解です。

4 (1) 段落の初めにつなぎ言葉がない3が、最初にきます。

(2) 3に、「……タンカーは、石油を積んだときに、船体が最も安定する」とあります。

(3) 文章の冒頭にくる言葉が、文章全体の話題を表しています。

5 (1) 名前が出てこないので、人物を表す言葉を答えます。

(2) ——線①の前から、当てはまる言葉を探します。

(3) 「……バチャバチャやってりゃいいんだ。」（11行目）のあとに「と思った」と補うことができるので、ここまでがチルの思ったことです。

(4) チルは(3)のように思ったとはいえ、「でも、なんだか気になって、ひきかえした。」（13行目）とあり、姉としてハルを思いやっていることが読み取れます。また「たいへん、おじいちゃん。」と言ってハルの方へ泳いでいっていることからも、「おどろき」だけでなく「しんぱい」する気持ちもあることがとらえられます。

(5) いたずらが成功したときの様子として、当てはまるものを選びます。

(6) あハルがおぼれたと思い心配していたことから、おぼれたわけではないとわかって安心する気持ちと、ハルをにらんでいることから、だまされたことに腹を立てている気持ちを読み取ることができます。いハルは、チルに「だめじゃない、ハル。手、持ってもらったりしちゃ……」と言われて、怒って自分から手をはなしています。ハルはおぼれたふりをして、モグリぐらいできることを、心配するチルに見せたかったのです。

2 1 0 9 8 7 6 5 4 3
＊ ＊ D C B A